志事《しごと》の流儀

清川甲介
株式会社コプロ・ホールディングス
代表取締役社長

成田靖也
株式会社 Take Action 代表取締役

角川春樹事務所

志事の流儀

我々は仕事を〝志事〟と捉えています。

志事とは、〝志を持って事を成す〟精神であり、

単に与えられた事をこなすだけでなく、

より深く追求し、相手の期待を越える感動を

提供する事だと考えています。

清川甲介

目次 CONTENTS

第3章 現場に聞く

はじめに
――なぜ、成長を遂げているのか。その源である「志事の流儀」を探る――

成田靖也（株式会社Take Action代表取締役）

現代日本では、人手不足がますます厳しくなり、いかに人材を確保するかが企業にとって死活問題になってきています。２０１８年には働き方改革関連法が成立し、２０１９年４月から順次施行されています。もはやビジネスモデルを変えなければ事業継続が困難な領域に近づいてきている企業も少なくないのが、今日の日本の状況ではないでしょうか。

私は、人材採用の企業のコンサルタントとしてリーマンショック（２００８年秋）前後の急成長と急落を体験した後、２０１０年に〝採用・定着・活躍の支援〟を掲げて株式会社Take Actionを立ち上げました。採用支援のビジネスにおいて、支援先の企業の社員が離職すれば人材会社は儲かるという〝業界の当たり前〟をこわしたくて、起業しました。現在、会社の成長と個人の成長がリンクし合うエンゲージメントこそが採用・定着の新基準となることをビジョンに企業の支援を行なっています。

本書の共著者、人材派遣事業で成長を遂げている株式会社コプロ・ホールディングスの代表取締役社長、清川甲介さんもまた〝業界の当たり前〟に疑問を感じ、それと決別すべく起業した一人です。

以前在籍していた会社で数々の支店の立て直しで大活躍されていた清川さんは、26歳で大抜擢されて社長となり、年商50億円だった売上を200億円にまで急成長させました。しかし、数字を追うばかりで、次々と辞めていく社員のことを顧みない業界のあり方に納得がいかなかった清川さんは、2006年に株式会社コプロ・エンジニアードを起業したのです。

読者のみなさんの中には、〝派遣〟と聞くと、〝定着〟と結びつかないという方もいらっしゃるかもしれません。〝派遣村〟や、〝派遣切り〟などを思い浮かべる方もいらっしゃるでしょう。

しかしながら、その実態はイメージとかけ離れています。

コプロの派遣事業は、コプロが正社員として雇用しているエンジニアを施工管理者やＣＡＤオペレーターとして建設やプラントの現場などに派遣しています。彼ら彼女らは〝技術社員〟と呼ばれます。これに対して営業担当や事務担当および採用担当などを〝管理社員〟と呼んでいます。

創業わずか13年目、２０１９年にコプロは東京証券取引所マザーズ、名古屋証券取引所セントレックスに上場しました。拠点網は全国17か所に広がり、さらにアジアへの展開として、シンガポールに中間持株会社を設立し、ＡＳＥＡＮでの人財育成・派遣を視野に市場調査、ビジネスモデルの検討を進めています。

まさに急成長を遂げた注目企業なのです。

本書では、なぜコプロが大きく成長を遂げているのか、そして、なぜコプロは取引先企業から、学生をはじめとする就職希望者から、なにより社員から選ばれ続けているのか、その理由の源を探っています。結論を先に言ってしまえば、辿り着いたところにあったのは〝社員ファースト〟というシンプルなマインドであり基本思想でした。業界にあった「社員が辞めて当たり前。目の前の数字を追えばいい」ということに対して、清川さんは〝理念ある経営〟を掲げ、それを戦略化していくことに挑んだのです。コプロの〝VALUE（理念）〟は、〝志をもって事を成す〟です。その志のもとに築かれ戦略化されたビジネススタイル、すなわち「志事の流儀」をより多くの方々にお伝えできることを願っています。

第1章では、コプロの理念とはどのようなものなのかを清川さんに語っていただきます。続いて第2章では、その理念がどのように戦略化されていくのか、経営陣の方々から聞き出していきます。そして第3章では、派遣される技術社員はどのように育成され、教育研修がどのように行なわれるのか、具体的な姿を明らかにしていきます。さらに第4章で、技術社員に向けた安全大会「コプロ・コンベンション」の現場をリポートします。最後に、これらコプロの取り組みを、顧客企業サイドはどのように受け止めているのか。第5章で主要顧客であるゼネコンに取材しました。

働き方改革は政府主導で着々と進められ、２０２０年4月1日に派遣労働者の〝同一労働同一賃金〟の実現に向けた改正労働者派遣法が施行されました。派遣元、派遣先ともに、それに向けて様々な整備が取り組まれてきました。

「これらの法整備は派遣会社にとって大きなハードルで、実力の差が如実に表れることでしょう。即ち、企業淘汰のポイントであり、私たちコプロにとっては追い風となる」と清川さんは言い切ります。なぜ清川さんはここまで言い切ることが可能なのか？人材確保が企業の明暗を分ける現代、企業がこのような時代に生き残るためのヒントが、選ばれ続け、成長を続けるコプロの姿から見えてくるのではないでしょうか。

第1章

派遣ビジネスの革新者に聞く

今までなかった「当たり前のこと」

1－1
目の前の数字を追うばかりの派遣ビジネスとの決別

東京・京橋エドグラン。東京駅から至近の立地に2016年に竣工した32階建てのこのビルには、明治時代創業の名門企業からベンチャー企業までが入り、1階には一時期メディアを賑わせていた有名パティシエのカフェが店を構えています。この新しいビルの21階にある、株式会社コプロ・エンジニアード東京本社に、私（成田）は清川甲介社長を訪ねました。

●成長の秘密を探る

成田　企業にとり、人手不足は深刻な問題です。もちろん今に始まったことではありませんが、働き方改革が加速したことを背景に、人材の確保は一気に重要度を増してきているといえます。

清川さんが建設業を中心に人材を派遣するコプロ・エンジニアードを名古屋に設立したのは2006年です。以来、事業は拡大を続け、売上高は2019年3月期に約100億円規模となりました。2019年には従業員数は約2000人体制となり、さらに東証マザーズ市場と名証セントレックス市場に上場を果たしています。

コプロを成長、成功させたものとは何であるのかをお聞きしたく、伺いました。

清川　当社は、成長してきたとはいえますが、成功とは全く思っていません。東証一部上場という一つの目標にも届いていませんし、いまだに私たちが掲げる〝MISSION（社会での役割）〟〝VISION（目指す姿）〟〝VALUE（理念）〟に向かって発展の途上にあります。そもそも、私が前職の〝雇われ社長〟を辞してコプロを設立したのは、目の前の数字だけを追いかける経営に将来が見えなかったからです。前職で抱いたような思いをしたくないからこそ、コプロでは〝MISSION〟〝VISION〟〝VALUE〟を設定したのです。

成田　もう少し詳しくお話しいただけますか。

清川　私が建設業界に特化した人材派遣業界に入ったのは１９９９年でした。営業成績を上げることができまして、20代前半で名古屋、大阪、新宿と営業所長を務めて、26歳で、先ほど言いました〝雇われ社長〟となりました。

成田　目を見張るほどのスピード出世をなさって、同時に、経営に携わる立場となられたからこそ、様々な問題や矛盾を強く感じられたということでしょうか。

●ミニ解説

1999年、労働者派遣法が改正され、人材派遣ビジネスに大幅な規制緩和が行なわれました。それ以前の原則禁止・一部解禁から原則自由・一部禁止となったのです。なお、建設業務への労働者派遣は、建築作業などに直接従事する業務は禁じられ、工程管理・品質管理・安全管理などの施工管理（現場監督）、CADオペレーターおよび現場事務所の事務などの業務に対して行なわれます。

●コプロを立ち上げた理由とは

清川　私が社長になり、年商50億円を200億円に伸ばすことができました。しかし売上至上主義で、売上と稼働率、利益のみを追求していました。

派遣社員が簡単に採用できていたこともあり、〝社員を大事にせずとも替わりはいくらでもいる〟〝10人採用して5人辞めてよい〟という経営感覚でした。事実、採用しても次々と退職する、いうなればバケツの底に穴が空いている状態でした。それでも売上は増加し、急成長していたので社員を顧みることをしなかったのです。しかしながら別の見方をしますと、〝こういうことを大切にして社員は行動すべきである〟という企業としての理念が全くなかったということです。

成田　1990年代後半から2000年ごろはバブル崩壊後のゼネコンが従業員を減らしていた時期です。建設業界は受注産業であり、工事を受注すると、一時的に人材が必要になります。人員の流動性が求められるということが、そもそもの事業構造としてあります。ですから正社員を10人採用するのではなく、正社員は4～5人とし、それ以外は派遣社員を活用して固定費を流動化させることで経営を成り立たせているといえます。

清川　需給調整機能の役割を担うことが私たちの存在意義です。かつてバブル景気のもとでゼネコンは受注が急増し、社員の採用を大幅に増やしました。その後、建設バブルが弾けて市場が急速に縮小すると、人件費という固定費を圧縮するために社員に勇退を求める早期退職、いわゆるリストラが行なわれたのです。

現在、建築ラッシュになっている状況下であっても、建設会社はバブル時の失敗を繰り返すことはせず、採用を抑えています。派遣会社をパートナーとして活用していくことが大きなメリットとなっているのだと思います。

成田　〝10人採用して5人辞めてよい〟という経営感覚とのことでしたが、他の業界であれば10人採用したのであれば10人定着させるよう努めるのが一般的な感覚ではありませんか。清川さんが、〝5人辞めてよい〟というのはおかしいと思われたのは、おそらく業界内では異例ではないでしょうか。

清川　派遣社員は所定の手続きを経て雇用されます。それにもかかわらず、半数が辞めていくのはやはりおかしな話です。一方、経営目線としては、ＰＬ（損益計算書）上、派遣社員の給与を計上するところは原価になってしまうこともあり、派遣社員として入社してくださる方々に対して、一旦派遣先企業に送り届けたら、その後は関知せずといった感覚が当時は強く、〝当たり前〟とされていたのでしょう。

●子会社の雇われ社長の決断

成田　派遣社員が清川さんの会社を去っていった理由は何だと考えられますか。

清川　自分に合う仕事がないケースや体調不良が理由だった方もいらっしゃったでしょう。ただ、「派遣された後のフォローもなく、連絡をしても返事が来ず、勤務表の催促ばかりされる」という気持ちの方が少なからずいらっしゃったと思います。

成田　会社に由来することが原因となって辞められる方がそれなりにいたということですね。

清川　多かったでしょう。例えば、一般的な製造業などであれば、会社に不信感を持って辞めるということは、頻繁にはないのかもしれません。

成田　派遣社員に対するフォロー体制はなかったということですか。

清川　〝担当営業が派遣先企業に営業しながら、派遣社員のフォローアップもする〟という時代でした。危機感を抱いた私が、「アフターフォローの部署の新設が必要だ」と提案しても、「そんな間接部門は無駄である」「販管費をアップさせるな」「そんなことに金を使うな」と言われてしまったのです。

成田　業界の風潮に染まらずに清川さんが派遣する社員を大事にしなければと思ったきっかけは何でしたか。

清川　入ってきた仲間たちの半数が半年足らず、または1年以内に辞めていくのは明らかに異常だと感じたからです。そこで私は、どうしても必要だと思った派遣社員のフォローアップ部署を創設しました。親会社にはどうしても理解が得られないので、独自の判断でした。フォローアップの人材が必要ですと進言しても通らないことは明白でしたので、表向きは営業社員としての採用でした。なくてはならない部署だと確信しての決断でしたが、非常に後ろめたかったのを記憶しています。もしも誰かが、「あの会社は間接部門でフォローアップの部署を専属で持っていますよ」と告発したら、私が辞めさせられる事態となったことでしょう。

そのような経緯から、「派遣される社員に寄り添う、理念を持った会社でなければ未来がない」という思いを抱くようになり、コプロを設立するに至ったのです。

成田　今、お聞きしたコプロを創業した思いが、〝社員ファースト〟であり、特に〝派遣社員ファースト〟マインドの原点であり、コプロの成長の秘密が一つ解けたように思います。

1－2 理念を持った経営の必要性を強く感じ、コプロを設立

●社員、一人ひとりに向き合い、寄り添う人財派遣会社を志す

成田　従来の派遣ビジネスへの違和感が強く、今のビジネスを始めたというお話でした。

清川　志す会社経営や将来展望を持ちながらも、親会社を説得することはかないませんでしたので、自ら思い描く人財派遣会社を実現すべく、2006年にコプロ・エンジニアードを創業しました。

成田　〝コプロ〟とは、どういう意味ですか。

清川　〝応えるプロ〟という思いを込めて〝コプロ〟としました。高い志を持つプロ

フェッショナルな組織としてステークホルダーの期待に応える決意でスタートしました。一人ひとりの〝人財〟にきちんと向き合い、派遣先企業のもとへ派遣される社員を一人の仲間としてしっかり寄り添っていく会社を創りたかったからです。

成田　社員に寄り添い、働く立場の目線から見つめ直すと、見えてくる風景は随分変わってくることでしょう。

清川　自分の生き方に合わせて働き方をカスタマイズすることに向き合うのです。

成田　近年ますますライフスタイルが多様になってきています。生きることと働くことのバランスを上手にとるという仕事観、価値観も珍しくなく、先取りしたといえるのではないでしょうか。今では勤務スタイルにフレックス・タイムやテレワークが普及してはいますが、それでも多くの場合、会社から辞令が下りれば転勤したり、家族と離れて山奥の建設現場に単身赴任となったり、工事のたびに子どもが転校しなければならなかったりすることは珍しくなく、今もかつての時代も変わらないと思います。

清川　私たちの派遣ビジネスにおける派遣社員の方は、建設業界の仕事を選びながらも転勤を心配することなく家族一緒に暮らす本来の生活が取り戻せるのです。

成田　子育て世代の味方であり、人々が求める当たり前の暮らし方を応援しているといえます。

清川　今日的な社会的意義のある企業になることができたのではないかと思います。

●工事を管理・監督するエンジニアを派遣

成田　コプロはどのようなビジネスモデルなのでしょうか。

清川　当社は、発注者であるゼネコンをはじめ建設会社からの派遣依頼を受け、エンジニアを派遣する契約を結びます。派遣するエンジニアは当社が雇用している社員で、当社では技術社員と呼んでいます。彼ら彼女らは、施工管理者、すなわち現場監督として、あるいはCADオペレーター、または現場事務所の事務担当として活躍しています。時折勘違いをされ、建設作業を行なう職人を派遣すると思われることもありますが、労働者派遣に関する法令によって禁じられていますので、職人の派遣はできません。

成田　あらためて言及しますと、現場監督は、現場の片づけ作業を手伝うこともしてはいけないとのことですね。コンプライアンスに関わると聞いています。

清川　現場監督の主な仕事は、建物の工程管理、安全管理、品質管理、原価管理です。業務を遂行するにあたっては、依頼主の現場所長やチームリーダーからの指示を受け、あるいは提案をして工事の円滑な進行に努めます。

成田　主にどのような現場にエンジニアを派遣しているのですか。

清川　建築、土木、設備（空調・衛生・電気関係工事）、そしてエネルギー関連をはじめとするプラント関連の現場などです。

成田　業界外の一般の方が人材派遣と混同しやすいものに請負がありますが、コプロにおいてはいかがですか。

清川　派遣と請負は確かに混同して理解されることがありますが、当社は請負をしておりません。

＜人材派遣事業＞

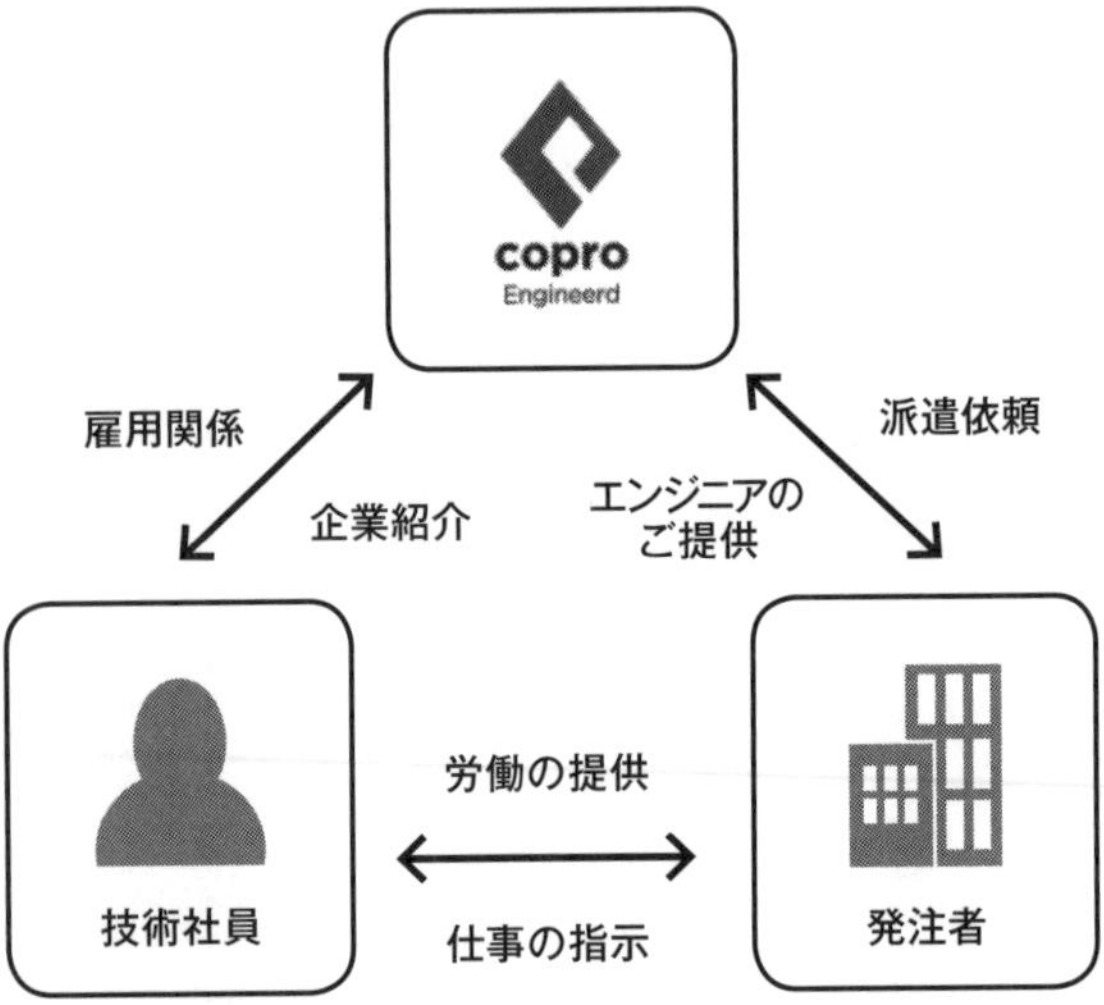

比較:請負の仕組み

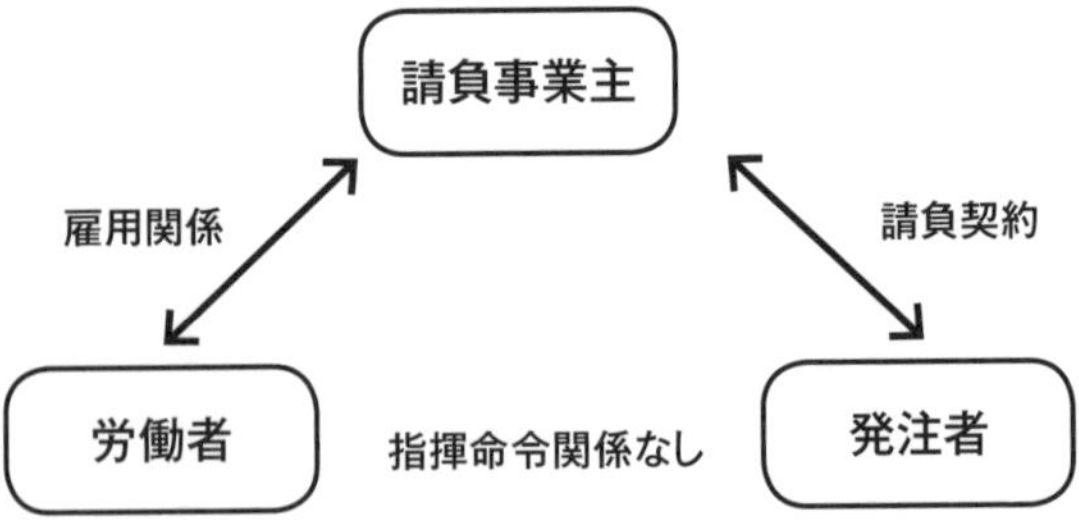

●経験者、未経験者、女性、新卒者、高齢者、外国人財
——積極的に多様な人財を採用していく

成田　技術社員の採用は、経験者、未経験者、そして新卒者ですか。

清川　創業当初は経験者を中途採用し、事業基盤を創ってきました。新卒者や未経験者を採用する企業体力はまだ整っていませんでした。

成田　建設業界は、〝２００７年問題〟と言われた団塊世代の引退と、バブル崩壊後の就職氷河期世代である30～40代の中間層への継承に課題を残し、人材不足は深刻です。

清川　当社は支店展開を積極的に進めています。現在、全国に20支店を設け、地域に根差した営業展開をしています。経験者の確保には自社で運営するポータルサイト「現キャリ」を主に利用していただいています。このサイトは、経験者の方たちに「手っ取り早く現場と条件を比較検討できる」と好評です。その結果、現キャリ経由で多く

の採用数を得ています。また、別の業界で働いていて新たに建設業界を志してきた方々、つまり未経験者の方々の中途採用も増えています。

成田　新卒採用はいつから始めたのですか。

清川　初めて新卒を採用したのは営業や事務職等の管理社員で2012年、創業7年目です。技術社員はさらにその3年後の2015年からです。

成田　中途採用とは違う、相当な決断だったのではないでしょうか。

清川　本当に新卒者が当社を志望し、入社してくれるのか、相当懸念されました。以前の売上至上主義の経営と決別して当社を興したものの、離職者もまだまだ多い状況でした。学生の保護者が認めないのではと不安もありました。ですから学生が内定を承諾してくれたときは本当に嬉しく、保護者の方々にお礼の気持ちと経営者としての責任の決意をお伝えしました。

成田　保護者会を開いたのですか。

清川　私自身がご自宅に一軒ずつ伺いました。おかげさまでその後は採用者数が多くなったこともあり、ご自宅に訪問することはできなくなりました。それでも私の気持ちはきちんとお伝えしたいので、今ではホテルなどで親御様懇親会を開催しています。

成田　新卒は中長期的な事業成長を担う人財としてなくてはならない存在でしょう。

清川　今後の企業としての成長のため、当社の新卒採用チームは、学生が望むキャリア形成や、それぞれのニーズを引き出していき、ゼネコンにはない、当社の技術社員となることとの魅力をマッチングさせ、入社を促します。

成田　女性の採用と活躍への取り組みもまた重要ですね。

清川　スーパーゼネコンを筆頭に、現場事務所も女性が働きやすい職場に変わってきています。女性用の更衣室とシャワー室が整備され、トイレは男女別になってきている傾向があります。他業界の方は、今ごろと思うかもしれませんが、やはり現場事務所は男の仕事場だったのです。それが今では、きつい、汚い、怖い職人さんというイメージはなくなってきています。だからこそ当社も安心して、女性の施工管理者、ＣＡＤオペレーターを派遣できているのです。これからも女性が活躍できる派遣先をさらに開拓していきたいと思います。

成田　人生１００年時代というのも雇用を促します。

清川　定年年齢は徐々に引き上げられ、高齢者層の確保も当社にとってチャンスと捉えています。〝生涯現役社会〟の実現に向け、積極的に取り組みたい点です。

成田　さらに外国人財の採用もお考えだと思います。ご参考までに申し上げますと、２０１８年に日本で就職した外国人留学生は２万５９４２人（出入国在留管理庁による）です。毎日新聞が２０１９年11～12月に主要企業にアンケートをとったところ、新卒外国人留学生を採用しているのは回答した１２２社中１０７社、88％に上っています。

清川　当然、外国籍の方々も採用ターゲットと位置づけております。当社の外国人比率は２％です。当社は２０２０年４月、シンガポールに中間持株会社を設けました。今後、インドネシア、ベトナム、フィリピン、ミャンマー、マレーシア等の優秀な学生を採用していく計画です。

コプロ・アジア戦略

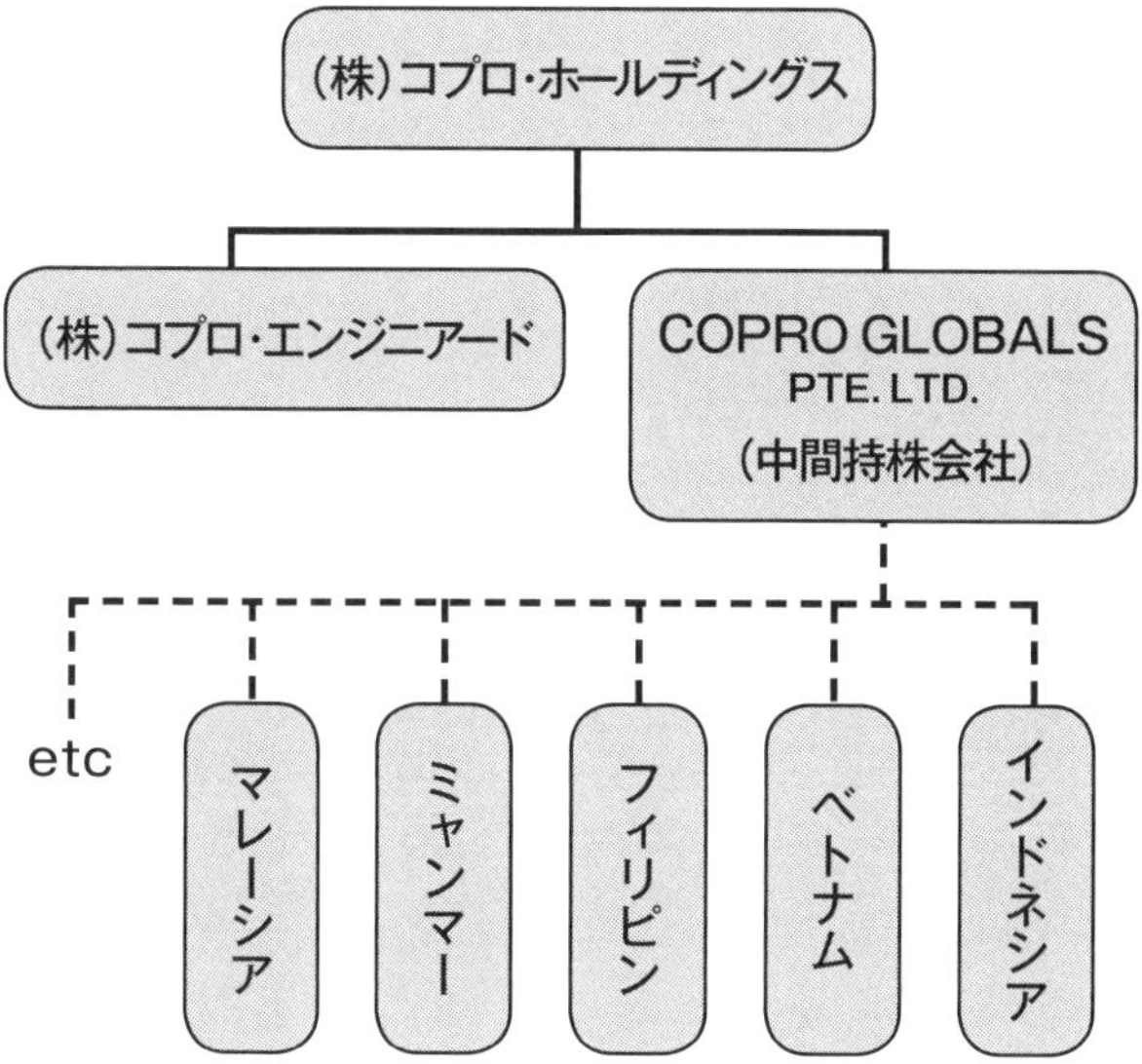
(株)コプロ・ホールディングス
(株)コプロ・エンジニアード
COPRO GLOBALS PTE. LTD. (中間持株会社)
etc
マレーシア
ミャンマー
フィリピン
ベトナム
インドネシア

成田　それはどのような事業構想ですか。

清川　それぞれの国の新卒者、20代の若手を現地で採用して日本語教育などを実施し、日本国内の現場へ派遣します。将来的には、日本で高度な建設スキルを身につけたアジアの若手が、母国に戻ることを希望すれば、当社の社員として母国で活躍できるスキームをつくりあげていきます。

●創業以来のキーワードは〝人間力〟。理念体系を構築

成田　〝依頼主の期待に応え〟、〝社員に寄り添う〟、そのような人材派遣ビジネスは、いかにして、つくり出されるのでしょうか。

清川　私たちはまず、人材は〝人財〟だと考えています。ほかでもなく人財が私たちのビジネスのコアにあるからです。〝人づくり〟そのものが事業活動の中心にあり、柱は〝採用〟〝育成〟〝マッチング〟〝定着〟の4つです。

成田　4つの柱のレベルアップを推し進めることによって、顧客の期待に応えるプロ

フェッショナルが育成され、モチベーションの高い社員が形成されるのでしょう。バックボーンには、どのような理念があるのですか。

清川　当社の理念体系は、〝MISSION（社会での役割）〟〝VISION（目指す姿）〟〝VALUE（理念）〟で構成されています。

〝MISSION（社会での役割）〟は、〝人が動かす「ヒューマンドライブ」な社会をつくる〟と定めました。テクノロジーが限りなく進化する中にあって、私たちはAIやIoTを有効に活用しつつ、人間が動かしていく社会、ヒューマンドライブな世界をつくる担い手となるべく進んでいきたいと思っています。

〝VISION（目指す姿）〟は、〝一人ひとりの心に点火する「人づくり」企業になる〟です。従来の派遣するだけでフォローもしない業界のあり方をおかしいと私は考えてコプロを立ち上げました。人が持つ大いなる可能性を信じ、一人ひとりに情熱の火を点す企業を目指しているのです。

〝VALUE（理念）〟は、〝志をもって事を成す〟です。私たちは、仕事を〝志事〟と捉えています。志をもってプライドをかけて事にあたり、目標にコミットすることで、よりよく成し遂げ、みんなで成長していこうという意志を示しています。

成田　清川社長の考えの根底にあるのは、何よりも〝人〟ですね。

清川　創業以来、私が社員に伝え、共有を図ってきたことが、〝人間力〟を高めよう、〝人間力〟を鍛えよう、ということです。

成田　〝人間力〟がキーワードなのですね。清川社長のおっしゃる〝人間力〟とは具体的にどのようなものでしょうか。

清川　ビジネスは一人ではできません。施工管理の業務もしかり。私たちのビジネスには、専門のスキルだけでなく、人と成し遂げていくヒューマンスキルが不可欠です。つまり志事に向き合う姿勢、真摯な態度が、周りの人の信頼を得て、動かしていくのです。

一方、専門知識や経験が豊富な方であっても、キャリアを過信しすぎると現場でのコミュニケーションを忘れがちという残念な例が往々にして見られます。これではいい志事はできません。一度立ち止まって、自分が人とどのような繋がり方をしているのか、顧みることが必要でしょう。

成田　工事現場では知識・経験だけでなく、人としての力が欠けていては工期の遅れや事故にも繋がりかねないことを十分に認識しなければならないということですね。

清川　〝人間力〟を高めるには、〝自己理解〟が必要です。

成田　キャリア・カウンセリングなどで用いられる概念に自己理解がありますね。人は自分の顔を見ることはできず、本当の顔をリアルに見ているのは周りの人間であり、思っている自分と思われている自分は違うという前提に立ち、自分はどうあったらいいかを見出すには、自己を理解することだというものです。

清川　自分が人からどう見られ、受け止められているかを知ること。つまりは自己理解が欠かせません。私も自分自身の人間力を高めたいと考え、営業成績を上げて自信過剰になっていた当時、自己理解に努めて意識的に天狗になっていた自分の鼻をポキンと折ったという経験があります。

成田　清川さんが考える人間力の定義とはどのようなものですか。

清川　定義づけてはいません。答えは百通りあっていいのです。一人ひとりが考え、自分なりにこれが人間力だというものを追求していくこと自体が重要といえます。誰かが〝正解〟を与えて鵜呑みにするのでは、そもそも人間力とはいえません。

●現場でのヒューマンスキルを重視して

成田　技術社員の能力開発、研修については、どのような制度を設けているのでしょうか。派遣先からも派遣社員からも要望が高いのではありませんか。

清川　双方からのニーズに応えるものの一つが自社研修施設「監督のタネ」です。ここではＣＡＤ研修をはじめＣＡＤ操作の技術や建設業界についての知識の習得を図っています。ゼネコンをはじめ、専門スキルは確かに求められるのですが、最も求められるのは、コミュニケーション能力など現場でのヒューマンスキルだと感じています。具体的には、〝協調性〟〝前向き〟〝約束を守る〟などといったことでしょうか。志事に向き合う姿勢の体得であり、現実にそれらをすべて発揮することは難しいものですが、ヒューマンスキルも含めて研修していくのが私たちの責任でもあります。

新卒者、未経験者など現場を知らない人のほうが教えやすく、吸収が早いです。当社は独自のカリキュラムを開発し、ロールプレイングに近い実践的なプログラムを内製化し、実施しています。

成田　研修で教えたコミュニケーション能力が、具体的に仕事の成果にいかに結びついていくのかを可視化することは容易ではないと思われます。

清川　現場の志事に反映されているのか否かを判断するのは派遣先企業です。もちろん派遣先各社、各現場、評価の基準は様々で、同じではありません。研修を受けた技術社員が、いかに自分の能力を発揮して志事の質を上げ、さらに改善しているのかなど、当社は派遣先企業へのアンケートなどを通じて把握に努めています。

成田　技術社員のキャリア形成についてはどうお考えですか。

清川　技術社員は、例えば入社して5年を経て工事主任となり、給与面では主任としての手当が付与されます。派遣先企業に対しては当社として、「この人物はこれまで○○社において、このような評価を得ており、当社の人事考課上では工事主任に相当する人財です。つきましては、派遣に際しての費用は、この金額でいかがでしょうか」と提案をしていく考えです。キャリアごとのパッケージを創り出していくことで、技術社員にとってはパッケージがキャリアプランの目安となり、キャリア形成を見通すことができるでしょう。

成田　例示することにより、一時的な仕事として派遣登録するのではなく、将来に向かって活躍していく姿を示すことができます。

清川　キャリアプランには、研修と併せ、独自の人事考課も必要です。体制を整備し、社員の質を向上させ、〝コプロ品質・コプロ価格〟を創り上げていきたいと思います。目指しているのは〝絶対品質・絶対価格〟を謳うコプロ・ブランドの確立です。派遣先企業にとってもわかりやすく〝見える化〟でき、価格の透明化が可能になります。技術社員にとっても納得感のある人事考課になるでしょう。三者にとって、〝Ｗｉｎ‐Ｗｉｎ‐Ｗｉｎ〟です。

成田　価格の透明化、納得感のある人事考課は〝派遣社員ファースト〟に繋がり、コプロ・ブランドは周知され、企業としての質も上がります。

清川　コプロは必要なときに必要な人財を確保できる〝人づくり〟企業として、〝人財創出プラットフォーム企業〟を目指しています。

●従来型の営業の文化を変えて、派遣社員ファーストを進化させていく

成田　雇われ社長時代につくった派遣社員をフォローする部署は、コプロではどのようになっていますか。

清川　もちろん存在しています。現在、コプロでは人事戦略本部トラスト部を設置し、その役割を果たしています。コンプライアンスの徹底を図ることは当然として、現場で困っていることや志事以外のことも技術社員の相談に何でも応える部署です。

成田　派遣先では話しにくいことも、相談できる存在でいてくれるのですね。

清川　トラスト部は、まさに人間力が試される部署です。担当する技術社員のところには2ケ月に1回以上、訪問することになっています。人間として当然かもしれませんが、つい自分と気が合う人、楽しく話せる人のところに足が向きがちになります。しかしそれでは問題を発見することはできません。あえて私は、「コプロに不満を抱いている人のところ、行くと怒られそうなところを優先して訪問しなさい」と言って

います。不満を抱くなど、よりコミュニケーションの必要性の高い方にこそ担当トラスト部員が丁寧にサポートすることで、一人ひとりにとって本当に働きやすい場になっていき、それを実現させることによって技術社員の定着率向上を図ります。

成田　その上で定着しないのであればマッチングにも課題があるのでしょう。

清川　私自身の経験からもよくわかるのですが、営業担当者には自分が担当している技術社員を逃したくない（＝他の営業担当者の担当現場に送り込みたくない）という気持ちが湧き起こります。しかし、その感情によって結果としてミスマッチに繋がり、技術社員にも派遣先企業にもいい結果をもたらさない可能性があります。その技術社員に最適の案件は、A支店だけではなく、近隣のB支店あるいはC支店が持っているかもしれないからです。最適な案件を組織を横断しても探すシステムを作る、そうすればマッチングの問題は減っていくと思います。

希望勤務地・派遣先企業の規模・残業の有無等の条件を、今後は基幹システムのデータベースで迅速にマッチングさせます。営業担当者の競い合いではなく、コプロ・ブランドとしてマッチングを提供することこそが、派遣社員ファーストであり、コプロ品質を向上させていくのです。もちろん社内でのライバル心は大事ですから、別の指標を設定していくことになるでしょう。トップダウンで実行していきます。

成田　営業の文化を変えていくということですね。社員の意識啓発という位置づけでしょうか、コプロテストという筆記試験を定期的に実施していますね。

清川　コプロテストとは、コプロの一員として大事なこと、そして視野を広げていくことを目標とした施策です。全50問で、企業理念、社内規定、衛生管理・派遣法など当社業務に関連する法規、社会情勢などとともに当社の時価総額も問題としています。試験範囲を告知して勉強させ、過去の成績からどれだけ点数が上がっているかも評価のポイントです。試験結果は給与に反映します。

日々、どんなことにもアンテナを立てて情報をキャッチし、それを知識として積み重ねることでその社員自身がどれだけ成長しているのかが問われるのです。このテストは当初は支店長を対象としていたのですが、現在は一般の管理社員にも拡げています。社員には引き出しをたくさん持っていてほしいと思います。このテストも〝売上を上げれば評価される会社〟からの脱却の一環なのです。

1－3 〝絶対品質・絶対価格〟の人財創出プラットフォーム企業へ

●同一労働同一賃金へ、追い風の派遣会社と向かい風の会社

成田　２０２０年４月１日、派遣労働者の〝同一労働同一賃金〟の実現に向けた改正労働者派遣法が施行されました。

清川　〝同一労働同一賃金〟は、私たちにとって大きなチャンスと認識しています。

成田　ゼネコンなど派遣先企業が派遣会社に待遇情報を開示する〝派遣先均等・均衡《きんこう》方式〟と、国が示す業界別平均時給単価と同等以上にする〝労使協定方式〟があります。

清川　前者は一般的に派遣先企業が選択しない傾向があり、後者で取り組みました。当社は派遣先に対してチャージアップ（価格向上）の交渉をしっかり行ない、当社技

術社員の賃金を上げることを実現しました。

成田　派遣業界全体に追い風となるのですか。

清川　向かい風と捉えている同業他社もあります。法律に則って同一労働同一賃金を適切に整備するということは、派遣先企業にとっては仕入原価が上がるということです。「なぜ請求額を上げるのですか。派遣元で給料を上げればいいでしょう」という企業は多数あります。値上げ交渉ができずに頭を抱えている同業他社は非常に多いと思います。対応しきれず、請負に切り替えていく会社もあるかもしれません。

成田　業界にとって、淘汰の時期が到来したのかもしれません。なぜ、コプロはスムーズな賃上げ交渉ができるのですか。

清川　やはり当社の技術社員はコミュニケーション能力があって、責任を持ってしっかり志事ができるなど評価が高いからでしょう。契約期間が終わった後に延長されるケースが多いことはデータからも裏付けられます。派遣先にその人の人柄や技術が評価されているということです。つまり派遣先がその人財を手放したくないことを意味します。だからこそ、「請求単価を上げさせてください」という交渉がしやすくなるのです。

成田　技術社員の質を上げることで、営業社員の交渉力も上がっていくということですね。

清川　当社は、同一労働同一賃金にしっかり対応し、その次のフェーズが〝絶対品質・絶対価格〟の実現です。コプロから来る技術者は何歳でどういう資格を持っていて経験年数何年で、しかもコミュニケーション能力が高いということを〝見える化〟することで、派遣先企業の納得が得られることでしょう。

●スマートフォンの貸与、10年後を見据えたシステム構築

成田　コプロは2019年に上場を果たし、市場からの評価を得て資金調達をしました。

清川　将来を見据えた戦略的投資を実行することができ、10年後に売上1000億円、営業利益100億円を達成すべく準備を進める道が拓けてきています。

その象徴的なものに、基幹システムの充実があります。事業規模の拡大とともにバックオフィスの経理・事務担当も増員を図ってきたのが従来の当社の構造でした。バックオフィスは現在の規模を保ちつつ、今後飛躍的に増大するであろう業務量を円滑に処理していくために、高性能かつシンプルな基幹システムを導入することとしました。

成田　２０１９年秋には技術社員にスマートフォンを貸与しましたね。

清川　技術社員全員１８００人に１台ずつ貸与しました（※２０１９年12月時点）。スマートフォンの活用によって正確な勤怠状況をリアルタイムで把握することが可能になりました。過剰な長時間労働を未然に防止し、欠勤を日々把握することで健康管理のための情報管理も充実しました。そして給与計算も合理化されていきます。

成田　営業的な面でも連動して活用できるでしょう。

清川　関東5支店には技術社員が７３０人（※２０１９年12月末時点）登録されています。例えば大宮の営業担当者が持っている案件には限りがありますが、関東の5支店での受注案件をすべて共有することによって、よりマッチング率が高まります。スマートフォンを貸与し活用していくことに関しては２０１９年に３０００万円、

2020年には7000万円の投入を予定しています。

成田　1億円もの投入に、社員を大事にする会社としていこうという明確な経営姿勢が感じられます。

●人財創出プラットフォーム企業へ、キーワードは〝好働力〟

成田　人材派遣のビジネスは、かつては経験者、ベテランの中途採用者を派遣先に派遣するというビジネスモデルだったと思います。それが今日、未経験者あるいは工学系のバックグラウンドを持たない新卒者を主要な採用ターゲットとする時代となりました。人材派遣会社にとって、大きなチャレンジの機会だと思います。

清川　私たちは、ベテランの高齢者層も採用しつつ、新卒、未経験者の採用も行ない、自社研修センターで育成していきます。ゼネコンとしっかり連携し、当社が運営する研修施設「監督のタネ」を社内のみならず業界の教育研修機関としていきたいと考えています。例えば、建設系専門学校との業務提携やM&Aも視野に入れ、コプログループ内に、高度なレベルの研修センターを作っていきます。私たちが目指している姿は〝人財創出プラットフォーム企業〟です。派遣会社であることに留まるつもりはなく、日本とアジアの建設業界を視野に、広く活躍するエンジニアを創出していきたいと考えています。

成田　壮大な構想ですね。

清川　当社の〝ＭＩＳＳＩＯＮ（社会での役割）〟は、〝人が動かす「ヒューマンドライブ」な社会をつくる〟ことであり、建設業という切り口で日本とアジアをフィールドに、ミッションを果たしたいのです。当社のミッションの原点ともいえるのが、人を好きになり、志事を好きになり、会社を好きになって、エンゲージメントを高めていくことです。〝好働力〟と呼びたいと思います。好きという気持ちが最大のエネルギーなのです。

成田　好きだからこそ最高のパフォーマンスが出せるのですね。スポーツでも仕事でも、好きな気持ちと勝利の喜びが苦しさを克服していくのでしょう。

清川　私たちは技術社員にしっかり向き合い、寄り添ってきたからこそ、上場もできました。今後も当社のコーポレート・カルチャーとして脈々と継承されていくでしょう。

成田　投資家の信頼を着実に獲得しているのも、コプロが技術社員を大事にしていることが伝わっているからこそなのですね。

第2章

事業戦略のキーマンに聞く

〝派遣社員ファースト〟の設計の仕方

次に訪問したのは名古屋駅前の大名古屋ビルヂング。伊勢湾台風からの復興のシンボルとして高度成長期に建てられて名古屋中心部のランドマークとなった、市民にとってはお馴染みのビルです。近年、建て替えられた、そのビルの27階にコプロ名古屋本社があります。

ここで、採用、教育、アフターフォロー、それぞれの部門トップにインタビューをします。

採って、育てて、フォローする。

コプロの人材派遣ビジネスの4つの柱である〝採用〟〝育成〟〝マッチング〟〝定着〟はどのようにかたちづけられているのか。どのような設計思想が秘められているのか。「私よりもコプロのことが好きな人たち」と清川社長が紹介する3人にお聞きします。

（このインタビューは2019年11月に行なわれたもので、本文中に登場する部署名、役職名は取材時のものです）

2―1 多様な能力、多彩な生き方を受け入れる人採用ポリシー

取締役　人事戦略本部　本部長　越川裕介さん
（取材時：取締役　採用戦略本部　本部長）

●技術社員は、仕事を圧倒的な数の中から選ぶことができる

成田　社員の採用について教えてください。御社は、採用・営業・事務などの管理社員と建設現場などに派遣される技術社員という2つのカテゴリーがあるとのことですね。今回は、とくに技術社員の採用についてお聞きしたいと思います。

求職者にとって、〝技術社員〟となることの魅力、メリットは何ですか。

越川　派遣という働き方はとてもメリットが多いと私は思います。ただ、残念なことに世の中の方々がお持ちのイメージはそうとはいえないようです。

一般社会では、会社が辞令を出して志事が決められます。これに対して当社は志事をする方自身が志事を選ぶことができます。働く条件について、例えば「なるべく早く帰りたい」「第三土曜日は必ず休みたい」などその方やご家族の事情やライフスタイルとのマッチングができます。

私たちは、営業担当者が強い営業力で非常に多くの案件を獲得してきますので、技術社員に対して様々な志事を提案することができます。そこが当社の強みです。言い方を変えますと、何らかの理由・条件でご自身が希望しない仕事を提示された場合、別の志事を求めることができるということです。場所、仕事内容、自分の経験やスキル、職場の人間関係も含めて、志事を選ぶことができるのが技術社員のメリットです。

成田　2020年4月から、派遣先との同一労働同一賃金がスタートします。

越川　同一労働同一賃金となることで、派遣先の社員であっても派遣社員として働くのであっても給与水準は変わりませんから、自分で仕事を選べるということはとても強みとなるのではないでしょうか。

建設会社によってマンション建設、工場建設など、それぞれに得意な分野があり、事業規模や保有する技術によって志事の幅もおのずと決まってきます。これに対して、当社は取引をしている多数の派遣先企業の中から、「ビッグプロジェクトにチャレンジしたい」「工場でこつこつリニューアル工事をするのが自分に向いている」など本人の志向に合わせて選択することが可能です。さらに、営業担当やフォロー担当が社員を守ります。何か要望があれば、当社として派遣先企業に伝えるのでその要望も、より通りやすいことでしょう。

私たちはよく、〝手に職をつける〟ということを求職者に呼びかけます。それは〝市場価値の高い人財になろう〟ということです。自らのスキルを高めれば高めた分、どこでも通用するようになり、志事の選択肢が広がります。よりレベルの高い、より待遇のよい志事が視野に入ってくるのです。

成田　派遣という働き方のメリットを知っている大学生や保護者は少ないと思います。

越川　派遣というかたちである技術社員について話しますと、ほとんどの方が驚かれます。エントリーの時点で当社が派遣会社だとわかっている方と、わからないままエントリーした方とがいらっしゃいます。程度の差こそあれ、誤解があったり、ネガティブなイメージは持たれていたりします。ですが、丁寧にご説明しますと、想像もしていなかった自由さを感じていただけることが多いです。

●よきマッチングのために、技術社員採用のモノサシは一つではない

成田　御社は採用において、どのような方を選ばれるのですか。

越川　派遣先が、仮に特定の企業や特定の工事など限定されていれば、必要とされる技能・技術、キャリアあるいは能力など絞りやすいといえます。ところが派遣先は幅広くありますので、適材適所を判断するものさしは一様ではありません。求められる人財も多様であり、マッチングのバリエーションも広がります。

コミュニケーション能力が高い方は多くの職場で求められ、私たちも積極的に採用します。ではコミュニケーション能力が必ずしも高いとはいえない方は派遣に適さないかというと、決してそうではありません。当社採用担当がその方の強みを把握し、営業担当者が派遣先とのマッチングを図ります。

成田　よきマッチングによって適材適所が実現していくところに、コプロの営業力の強さがあるのでしょう。

越川　基本的なヒューマンスキルがあれば成長、活躍していくことができ、より派遣先の職場が求める人財としてレベルアップするように、当社が教育を行ないます。

●派遣先企業のニーズをいかに見極め、対応するか

成田　派遣先の企業側が求めるものは、どのようなことでしょうか。

越川　求められる能力は現場によって大きく異なります。また、派遣先企業が、一人の派遣社員に対していくつもの能力、スキルを要望することも珍しくはありません。しかし、そのような完璧な人は稀有でしょう。仮にいたとしても、その方が勤める職場が手放そうとしないでしょう。そこで当社の営業担当は、現実に、その現場が求めている仕事内容とレベル、必要時間などを派遣先から詳しくヒアリングし、配置すべき人財についてご提案します。一例を挙げますと、派遣先企業から、「ＣＡＤを使えて、

現場を全部見ることができる人に来てほしい」とお話があったとします。そこで、詳しくおたずねしてマストとウォント条件を分けていくと、実際はＣＡＤの使用に関しては少ない時間に限られたり、当社でＣＡＤを教えながらでもできたりするというところに行きつくことがあります。派遣先の現場のニーズの本質まで掘り下げていくことで最適解が見出せるのです。

成田　現場をよく理解している営業担当者であればこその対応ですね。

越川　営業担当者は毎日ＰＤＣＡを回し、改善を図り、成長をしていきます。マーケットは変わっていくので、採用担当者は営業担当者と頻繁に打ち合わせをして、どういうニーズが増えているのか共有しています。一方で、うまくいくと思っても、ミスマッチとなる事案もあります。その場合には、なぜミスマッチになったか話し合い、改善を重ねることでマッチング度は向上していくと思います。

●未経験者の受け入れ動向に対応。〝間に入る〟から〝育てる〟〝フォローする〟へ

成田　マーケットが変化するというのはどういう点でしょう。

越川　大きく変わったのは、未経験者を受け入れるようになったことです。その傾向が業界として加速しだしたのは５年前くらいからです。

成田　人手不足がより深刻になったということですね。オリンピック・パラリンピックの東京開催が決定したのが２０１３年９月でした。

越川　ゼネコンも自社で中途採用を積極的に進めている時代です。派遣業界も派遣先企業の了解のもと未経験者を採用するようになっています。それまでは経験者を採用し、その経験を活かせる現場に配属する、言わば〝間に入る〟だけの業界でしたが、状況は変わりました。教え育てていくという大切な機能を担うようになったのです。

成田　ビジネスモデルの大きな革新だと思います。コプロはなぜ急成長を遂げてきたのでしょうか。

越川　私たち創業時から勤めている社員は急成長とは思っていません。堅実に歩んできた13年だと思います。ここまで成長を遂げてこられたことの理由に、私は代表の清川が言い続けている〝人間力〟が核となっていると思います。売上を伸ばすことは、採用や営業の担当者の力である程度できることかもしれませんが、会社そのものを大きく成長させていくには人財の育成が不可欠です。売上、利益という目先の数字に囚われて、利益が出れば何でもいいという発想は私たちにはありません。教育に注力し、育て上げた社員たちが新たな支店で活躍していくなど、着実に一歩ずつ進めてきて今があると思います。

成田　ところで越川さんは、コプロ創業時からいらっしゃるのですか?

越川　2年目からです。当時は技術社員が100人もいない小さな会社でした。私は一部上場企業にも内定していましたが、代表の清川に出会い、ここで働きたいと入社を決めました。今にして思えば、人間力に惹かれて入社し、今、私自身が社員に人間力を伝える立場にあると思います。

●経験者へのアプローチ

成田　経験者に向けては、どういったアプローチの仕方になりますか。

越川　経験者は、この業界で生きていくと決めている方々が多いといえます。そのため、勤務地・勤務内容・キャリアの積み方・給与水準・休日等、そして家族との時間をどの程度確保できるのかなど、より条件を重視して仕事を選ぶ傾向が強く、いかに経験者の方に、「ここで働きたい」と思っていただける現場が提供できるかがポイントです。

ただ、一概に条件さえよければ入社するということではありません。「（採用担当者の）○○さんがいたからこの会社を選んだ」と言っていただけることも多く、採用担当者の面接力は非常に重要です。いかに真摯に、親身になって向き合えるかということも大切です。

成田　しかしそれでは、採用担当者が魅力で入社したけれど、他の営業担当者やトラスト部門の人はそうではないと感じさせてしまうことは回避しなければなりませんね。

越川　おっしゃる通りです。営業担当者は常に様々な仕事をそろえて提案をし、一人ひとり丁寧にケアをすることも、徹底して行なっています。フォロー担当であるトラスト部門は、入社後も継続的なフォローをしています。各部署が連携して志事に向き合っています。

●文系も多い、新卒採用

成田　新卒の技術社員は、土木建築出身者ですか。

越川　文系の方も多く在籍しており、多様な人財が揃っています。

成田　入社時、土木建築の専門的な知識がなければ採用されないというような誤解はありませんか。

越川　本来、建設は技術系の仕事ですので文系の学生には、自分に務まるのだろうかと思われがちなのは否めません。

成田　営業職と技術職は、入社時に決定されるのですか。

越川　新卒は選考段階で決定しています。総合職のような形式で採用して配置直前に振り分けるようなことはせず、直接本人に職種を告げて採用しています。

成田　職種はどのように決めるのですか。

越川　面接を通じて確認した本人の志向や、キャリアの描き方によって決定していま す。営業ですと昇進していくための競争を視野に入れて入社してもらいます。対して技術社員の場合は、現場監督は、1年でその道のプロになることはありませんので、3年から5年かけて徐々に一人前へと成長していきます。必要となる知識が幅広く、また奥深くもありますから、コツコツとまじめに頑張る方が向いているといえるでしょう。

成田　技術職で応募されてきて、営業のほうが向いていると判断されたケースはありますか。

越川　その場合は、面接・面談を通じて話をして、変更もします。採用担当者から営業職を提案して反応を確認し、入社前、内定式までには決めています。

●増加する女性の採用

成田　自分のライフスタイルや、人生設計を考えて入社してくる人もいるでしょうね。

例えば女性であれば、結婚、出産、育児休暇を取ってから復帰するといったケースもあるでしょう。

越川　あります。新卒は採用し始めてまだ5年目くらいなので、ちょうど結婚する社員が出てきたくらいです。中途採用者の中には、産前産後休暇・育児休暇を取られてから復職される方もおります。同じ職場に戻れるかは状況によりますので、可能な環境の中で働く場所をご提供します。

仕事は現場監督だけではなく、現場で図面を描くことやＣＡＤオペレーターなど、職種に幅があります。例えば、現場監督だった方が、産後の体力低下などによってデスクワークを望まれる場合、希望に沿った志事を提供できますので、不安を感じることなく長く働くことができると思います。他業界への転職で一般的な事務職に就く場合、その人でなければできない属人的な仕事ではないでしょう。しかし、建設業のエンジニアの経験があることは、キャリアなのです。ＣＡＤで図面を描く志事もパソコンが使えればできるというレベルのことではないので、図面を描くことができれば収入も担保できますし、志事としてスキルを伸ばしていけます。成長していただいて、それに対する報酬を支払い、長く安心して勤められることは素晴らしいと思います。

成田　男性と女性の比率を教えてください。

越川　新卒は半々です。中途は男性が多いですが、女性も年々増えてきています。営業担当者が多くの募集案件を持っているからこそ、採用にも幅が出てきています。

成田　生き方とのマッチング率も向上しますね。女性を積極的に採用したい意向はありますか。

越川　働きたいという人の働く場を作るのが当社の志事ですので、女性も男性も、どちらも大歓迎です。

●〝派遣〟をポジティブなイメージに、コプロをブランドに

成田　採用で課題に感じていることはどのようなことですか。

越川　最大の課題は、〝派遣〟に対する〝レッテル〟です。私はコプロをブランドとして育てて、コプロで働いていることを誇りに思える会社にしたいと思ってまいりま

した。規模感、知名度も無論大事ですが、社員の会社に対するエンゲージメントが高い会社となることを実現するために、打破しなければならないのは〝派遣〟に対するレッテルです。派遣業界の実態は非常にポジティブですが、ネガティブイメージも根強くあることは否定できません。

成田　派遣の関連法令が整備されてきて、マイナスイメージから変わっていくのではないでしょうか。

越川　本来、派遣社員とは、事業に必要な人財が不足している職場をサポートするスペシャリストであるにもかかわらず、あたかも安い労働力であるようなイメージがついているのが残念です。実際に働いている方々は元ゼネコン社員やかつての企業経営者が多く、能力値に差はありません。「転勤があると介護ができない」「経営していた会社を廃業した」「給料が安くて家族を養っていけなかった」など、それぞれの事情で派遣という働き方を選んでいます。私たちはみなさんの状況を理解し、その方が希望する働き方を聴き出し、譲れない条件を把握することが必要です。

当社は自社媒体「現キャリ」で、経験者を募集します。例えば〝名古屋の建築〟と条件を入れれば、多くの案件が表示されます。興味の湧いた求人があればエントリーしていただき、面談を行ないます。そして面談結果をもとに、マッチングを図っていきます。

●〝ふつう〟の基準を高くして、期待を超える

成田　〝コプロテスト〟という定期テストを実施しているそうですね。

越川　社員の知識の量を増やすという意味で実施しています。

成田　コンプライアンスに重点を置いて実施している会社もあると思いますが、清川さんは、コンプライアンスは当然のことだとおっしゃっていました。

越川　コンプライアンスはもちろん、私たちの場合は法令もきちんと理解しておく必要があります。例えば、長時間労働の管理や〝適用除外業務〟という法律に抵触する作業等を理解することは、技術社員を守るためだけでなく、派遣先企業を守ることに繋がります。本来、派遣において労働時間の管理は派遣先企業がしなければならない

のですが、徹底した管理をされているところはなかなかありません。現在、当社は技術社員を約2000人派遣しています。同じ企業に派遣していても、各人を管理する所長も違いますし、派遣先企業が対応しきれていない部分を当社がチェックします。残業時間が規定を超えそうになれば、事前に報告し是正します。

適用除外業務については、派遣先企業が派遣法をよくご存じでない場合もあります。ご説明の上、確認いただだいています。建設業は、昔は監督が職人と現場で作業する、という業界でしたが、本来、現場監督が作業をすることは法律で禁じられています。しかし具体的な作業の名称は明記されていないので、派遣先企業の方も何が適用除外業務にあたるのかよくわからないということは珍しくありません。ですから、配属前にご説明して、確認のご署名をいただいています。

成田　派遣先企業にもご理解いただかないといけないのですね。

越川　私たちは派遣のプロですので、専門的なことは我々のほうが精通しています。派遣先企業が法令を違反してしまうような事態を避けるためにも必要なことです。

成田　コプロの新卒向け会社案内パンフレットに、事例として、作業手順を一から見直すことにより作業効率が上がり、現場で高く評価された様子が紹介されています。

越川　コプロには〝満足を超えた感動〟という言葉があります。言われたことを過失なく遂行すれば、それ自体では満足されるでしょう。けれど、それでは普通のことを実行したに過ぎません。感動をもたらすためには、期待を超えなければなりません。ではどうすればいいのか、と常に考えていること自体が大事なのだろうと思います。常に考え続ける姿勢を持ち、行動に出ることで、感動に繋がっていくのだろうと思います。当社が派遣先企業と信頼関係を深める上で、大切な姿勢だと感じています。

●選ばれる理由

成田　ゼネコンなど顧客企業に、コプロに派遣してもらいたいと思っていただける源泉は何なのでしょう。

越川　人財派遣は、いうまでもなく、人を扱う仕事です。派遣先企業に信用していただけるかどうかは、営業担当や会社の信用次第です。「この技術社員はいい方なのでお願いします」という言葉を信じていただけるかどうかなのです。関係性が信頼に繋がり、〝正直であること〟〝真摯に向き合うこと〟に尽きるのかなと思います。世の中には派手な営業担当者や言葉巧みな営業担当者がいますが、面白いと思われることと信用していただけることとは別物です。本当に現場が困っているときに助けてくれるのは誰なのかに関する派遣先企業の目は真剣でしょう。だからこそ、信頼に応える誠実な姿勢が何より大事なのだと思います。

私が営業担当だった創業から5年目くらいまでは、そもそもコプロの名前が知られていませんでしたので、新規取引を繰り返すことにより、大手企業とのパイプが徐々にでき、会社も拡大しました。今は、既存取引先の信用を堅実に築き上げ、より太いお付き合いをさせていただくべき時期だと思います。

成田　派遣した技術社員の方に満足していただけなかったら、他の派遣会社にお願いしますね。今まで良好な関係を築いてこられたのは、派遣されていた社員や営業担当者が優秀であり、お客様に評価をしていただけたからではないかと思います。

越川　技術社員のスキルや人柄はもちろんのこと、トラブルに対しても、営業担当者やトラスト部門をはじめとする管理社員も一丸となって真摯に対応してきたことが、信用を得ることに結びついているのだと思います。

成田　ミスマッチは当然ある一定の比率で起こり得ます。その際の対応によって派遣先企業がまた同じ派遣元へ依頼をするか否かの境目となっているのですね。

越川　通常、派遣先企業はミスマッチを感じると離れてしまいます。しかし、私たちはミスマッチを一つのチャンスだと思っています。ミスマッチは、技術社員の能力値と相手の期待値のズレにより生じるものです。どんな場合にも許容できる幅というものが当然あるかとは思いますが、その幅を超えるとミスマッチになってしまいます。

派遣先企業の要望をどれだけ営業が読み取ってこられるかが、まずは重要であり、派遣先企業のニーズ情報をもとに、どんな方が条件に合うかを考えます。

採用する技術社員に関しては採用担当がその人の能力を見抜く必要があります。例えば、「リニューアル工事での現場監督はできますか？」と聞き、「できます」という返事だったとき、その返事を単純に受け止めるのではなく、どの程度できるのかを一歩踏み込んで聞き取っていくことが肝要です。応募される方にはいろいろな方がいて、できないけれど経歴を偽って話してしまう方もいれば、苦手でも、無理して「できます」と言う方もいるでしょう。逆もまたしかりです。もちろん十分な能力があり、私たちから見たら素晴らしい経歴なのに、「全然です」と謙遜される方や、「給料は低くてもいい」と言う方もいます。いかに見抜くかが採用担当の重要な仕事です。

●ブレないこと

越川　〝志事への向き合い方〟〝人への向き合い方〟で重要なのは、一貫してブレないということだと思います。普段はすべきでないことと認識していても、例えば、営業数字の不足分をどうにか埋め合わせしてしまおうと魔が差すこともあるでしょう。

成田　例えば、ミスマッチとわかりながら派遣してしまうなどですか。

越川　ミスマッチとなる懸念を抱えつつ、もう1人派遣することで営業数字が達成されるので充ててしまうなどです。「黙っていれば気づかれないだろう」という場面はいくらでもありますが、一度やってしまうと地崩れを起こします。厳しい状況に直面した際、いかに踏ん張って大切なことを譲らずにいられるか。忘れてならないのは、常にお客様のためを考えろということです。

成田　踏みとどまるか、否かですね。

越川　踏みとどまることの積み重ねだと思います。営業担当は、お客様に喜んでいただけることをつい言いたくなるものです。しかし、その場を取り繕うようなことを言うことが本当の営業担当ではなく、お客様の役に立ってこその営業です。該当する人がいるわけでもないのに「何とかします！」と言うべきではありません。多くの派遣会社は「探します！」などと言うかもしれませんが、該当者が用意できない場合、ご希望にお応えすることが難しいことをお伝えしなければ、派遣先企業の本当の人手不足は解消されません。

成田　その都度の姿勢が信頼関係に繋がっていきますね。

ここがポイント！

◉派遣会社の社員は、本人が仕事を選ぶことができる

会社の辞令で業務・任地・異動が決まるのではなく、派遣会社の社員は数ある仕事の中から自分に合わせた仕事や勤務地を選ぶことができる。

◉〝同一労働同一賃金〟の導入

法令によって2020年4月から、派遣先の社員と派遣社員の待遇を同等のものとする同一労働同一賃金が導入された。

◉派遣先企業が求める〝マスト〟と〝ウォント〟を見極める営業力がある

現場で実際に必要とされるスキル・仕事内容を明らかにしていく営業社員のヒアリング力が、派遣先とのベストマッチングを実現する。

◉〝満足を超えた感動〟

従来の派遣業界の常識に留まるのではなく、派遣先企業と派遣社員の期待、満足を超えた感動をめざすのがコプロ。

2－2 建設業界の人材育成を見据え、派遣先と連携してアウトプット志向の研修を推進

人事戦略本部　トラスト部　部長　向井一浩さん
（取材時：取締役　人財開発本部　本部長）

●体系化すれば理想像を構築できる

成田　御社は、創業時から〝人間力を高める〟ことを人財開発の柱としてきました。〝人間力〟を定義づけることはあえてせず、社員一人ひとりが自ら問いかけながら深化させ、態度・行動に反映させることで浸透が図られてきました。御社のビジネスモデルは人づくりを基盤とする戦略へと向かっています。２０１８年度には人財開発本部が発足し、翌年には上場も果たしました。人財開発はどのように設計され、実際に社員

に提供されているのでしょうか。

向井　おっしゃるように、従来、人間力について社員一人ひとりが考えて日々の業務を遂行しなさいというのが方針で、ゆえに属人的でした。ただ、定義こそしませんでしたが、代表の清川が描いた図があります。この正三角形の根本にあたるのが人間力です。高さがビジネスの成果を示します。底辺が伸びれば、成果も伸びます。人間力もテクニックも大事であることを示しています。

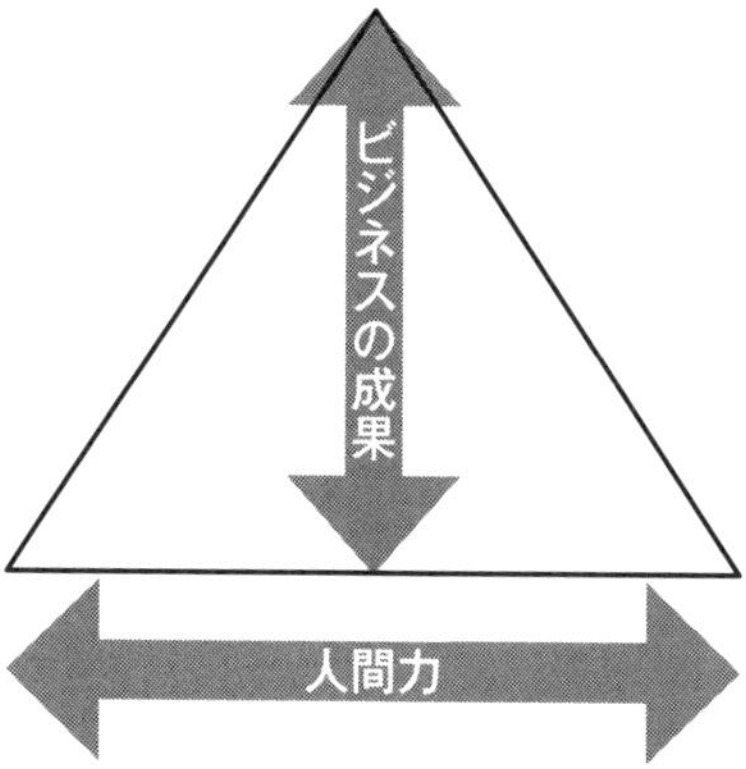

創業時から蓄積され、コプロの流儀となり、カルチャーとして培われたビジネススタイルを、現在、国内外の定評ある人材開発理論との融合を図っているところです。コプロの人財開発システムとして体系化すれば理想像として構築できるという考えのもと、教育研修の整備を進め、ブラッシュアップを続けています。

当社の理念体系は、社会での役割は〝人が動かす「ヒューマンドライブ」な社会をつくる〟。目指す姿は〝一人ひとりの心に点火する「人づくり」企業になる〟。理念は〝志をもって事を成す〟により構成されています。

人事ポリシー、人財開発体系においても、この理念体系に基づいて、人に強くコミットした人づくりを設計しています。

成田　具体的には、どのような内容ですか。

向井　社員が身につけるべき能力の軸となるのは5つ、〝リーダーシップ〟〝主体性〟〝コミュニケーション能力〟〝協調性〟〝技術力〟です。5つのうち4つが人間力に関わるものです。営業職、管理職、派遣する技術社員と、すべての社員に求める能力です。

成田　人間力を重視しているということで、一般に多くみられる座学形式の研修だけではない学び方があるのでしょうか。

向井　研修というと知識などをインプットするイメージがありますが、私たちは、〝志をもって事を成す〟の理念のもと、職場実践（ＯＪＴ）を重視しています。人間力を高めるには、日常業務で実践を重ね、改善を図ることが最も有効であり、ＯＪＴが一番身につき、成果を上げる力となります。

　研修が成果にしっかり繋がるように、〝研修前の意識づけ：研修：研修後の振り返り＝４：２：４〟であるとか、〝自分の経験から学ぶ：上司や周りの支援：研修や本などから学ぶ＝７：２：１〟といった配分あるいはサイクルについての〝法則〟と呼ばれる手法なども取り入れて実施する設計にしています。

成田　日常業務と研修が密接にリンクしているのですね。世の中の研修といえば、普段の仕事と切り離された講義に代表されるような、ある種イベント的に行なわれています。ある人にとっては息抜きになり、ある人にとっては面倒なお勉強になる傾向もあります。コプロでは、学んだことはどう現場に活かすのでしょう。

向井　営業職や管理職では、学んだことを所定の用紙に書かせ、上司に報告し、グループ・ミーティングをして、どのような成果、課題があったかを見出し、次の研修に臨みます。

●派遣先と連携して新卒技術社員を育成

成田　派遣されている技術社員には、現場にコプロの上司や同僚社員がいないケースがほとんどです。

向井　現場で当社の者が日常的に指導にあたることはできませんので、技術社員には「CEL（＝セル）研修」（Copro Engineer Labo.）を定期的に実施しています。技術社員一人ひとりが当社を形成する細胞（セル）であるという意味も込めて名付けました。CEL研修は新卒の技術社員向けで、中途採用者向けには「監督のタネ」という施設での研修を設けていまして、後ほどご説明します。

成田　新卒向けのCEL研修から教えてください。

向井　研修内容は、技術面の習得と人間力を高めるものとで構成されています。現場での不安をなくし、自信を持って志事に臨むには、施工管理に必要な図面の読み方や実践的なケーススタディなどをはじめ、まずは技術的なことをしっかり自分のものにすることが不可欠なので、その割合を多くしています。そして、派遣先の現場の所長にも、学んだことをどのように職場実践していくか、見ていただき、共に育成していく体制をとっています。

成田　派遣先と連携した人財開発ですか。現場の所長が〃上司〃となってくれるわけですね。

向井　現場の所長にコプロとしての取り組みの趣旨をご説明するため、講師が現場に赴きます。当社の研修内容をご理解いただくとともに、現場監督を務めるコプロの技術社員本人について、直接的なご意見を頂戴することで、現場が必要としていることにより的確に応えられるようにしています。

成田　この取り組みは技術社員の志事へのモチベーションにプラスになるのではないでしょうか。

向井　プラスとなると思います。月１回、ＯＪＴシートに本人が実践したこと、所長からの感想をフィードバックしていることが、技術社員と現場の所長とのコミュニケーションの機会にもなり、定着率の向上に繋がっている一つの要因です。現在、新卒の技術社員は100人超を擁しています。派遣先の方たちと直に話し合うことによって、この技術社員を共に育てていく気持ちを醸成しています。現時点で共通して出てくる話は、「人を育てるのは難しい」ということですが、だからこそ業界全体で人づくりをしていかなければとの想いのもとに取り組んでいます。

成田　人材確保に業界として強い危機意識があることがよくわかります。現場所長さんからは、どんな声が聞かれますか。

向井　「コプロさんのスタッフが中心となって現場を育成できるようなものができるといいですね」「コプロさんが影響力を発揮して、現場のプロパーの社員が育ってくれるといいなあ」というお声をいただいています。目指すところは、コプロが技術を含めた人財教育の学校をつくり、派遣社員を採用するときには、必ず当社の教育を受講させると言っていただける講習プログラムにまでなることです。これを将来の姿として構想しています。

成田　所長さんたちの声に励まされますね。派遣先と派遣元とが垣根なく人づくりをしていく機運があるように感じます。遠くない将来、実現するのではないでしょうか。

新卒技術社員向けの研修は、現場での学びの他にもプログラムはありますか。

向井　他には宿泊研修を組み込んでいます。２０１８年は、地上３００ｍの日本一の高さを誇るビルである大阪のあべのハルカスに行きました。そのバックヤードに入り、巨大なビルの裏の構造を見学しました。「いつかこんな大きな志事をしてみたい！」という気持ちを醸成することも研修の一環です。２０１９年は奈良の朱雀門に行きました。重要文化財の修復現場を実際に見ることは、とても学び多きものになりました。

成田　研修の講師は、外部のセミナー会社の専門家ですか。

向井　いいえ、社内の人間です。研修プログラムは内製化することに努めています。かつて技術社員だった松岡が自らの経験をふまえた実践的かつきめ細やかな指導で、文系出身者も多い新卒の技術社員を育成しています。

成田　わかりました。外部の一般的な研修ではなく、現場に派遣される社員が切実に必要とすることを、その社員の立ち位置で吸収しやすい研修のコンテンツとプログラムとして開発しているということですね。

さて、先ほど少しお話が出ました、中途採用者向けの研修についてはいかがですか。

向井　「監督のタネ」という当社独自の教育施設を東京・千葉・名古屋・大阪に設けており、中途採用の未経験者やブランクのある経験者を対象に、研修を実施しています。こちらの講師は、建設会社や設計会社での勤務経験がある、コプロの社員です。その中の一人は当社の元技術社員で、カリキュラムを習得して講師となりました。どの講師も現場をよく知り、痒いところに手が届く指導が評判です。

監督のタネ
講義内容

〈　未経験研修　〉

- 建設業界について
- ビジネスマナー、コミュニケーション
- 施工管理の仕事について
- 建設用語について
- 安全管理
- 建築製図について

〈　CAD研修　〉

- 画面構成の説明
- 図形(線・円・多角形等)の描き方
- 図形の編集(移動・複写・結合等)の仕方
- 文字の書き方、編集の仕方
- 寸法の書き方、編集の仕方
- 作図練習問題(基礎編・実践編)

●人間力を高める

成田　清川さんからはヒューマンスキルとして、〝協調性〟〝前向き〟〝約束を守る〟などの要素が、派遣先企業からも求められていると伺いました。どれも人として当たり前のことと思いますが、やはりそのあたりがポイントということでしょうか。

向井　あのイチロー選手であっても空振り三振をはじめとする凡打が約7割ありました。誰にでもミスや失敗はあるのです。当たり前のことの積み重ねがプロの志事だと思います。しかし実はそれが難しいのです。我々の志事は人と関わることであり、敬意を払って話をし、清潔な印象を与えることを意識するのは、やはり重要です。しかし本来当たり前でありながらできていないのは、習慣化するのが難しいからです。

ビジネス界だけでなく様々な分野で、人と円滑に志事や関係を進めていく上で、苛立つことがあっても冷静になって自分を律していくアンガーマネジメントが注目されています。注目を集める理由は、実行することが非常に難しいからです。自分を律していくということは、人財ビジネスでは特に求められるスキルで、重視する必要がありますし、代表の清川が言う大事なヒューマンスキルなのです。

成田　研修の特色を挙げるとすれば、何がありますか。

向井　アウトプットする力がすぐ身につくようになることが当社の研修の強みです。研修を通じて習得したことを直後には行動に活かすことができるという成果が出せるプログラムとしています。様々な状況に置かれる中で、自分の力を発揮でき、人ごとではなくオーナーシップをもって行動でき、さらにはリーダーシップが発揮できることを目指して講義を行なっています。

成田　座学だけではない参加型の研修だからこそですね。何か強く思い出に残っているエピソードはありますか。

向井　以前、名古屋市内の大学の先生にお声がけいただき、当社のワークショップ形式の研修プログラムを、3年生150人を対象に実施したことがあります。社会に出ると、「自分はいいと思っていても評価されない」「信頼を得られない」「成果を出せない」ということがあります。それは、自分の行動に対する自己評価と他者からの評価にズレがあるために生じることです。ワークショップでは、それぞれの行動に対して、自分ではどう思い、人からはどう見られるのかを共有し、自他の差を見ていったのです。

成田　学生の反応はいかがでしたか。

向井　ほとんどの学生は、自分と他人の評価の差を目の当たりにして驚いていました。では大人しく何もせずに黙っていることがいいかというと、それは違います。他人の反応と評価を知ってこそ、修正のチャンスが訪れるということを学ぶのです。主体的に判断して行動するという態度を身につけることが大切なのです。そのためには、行動・発言に対する評価を得て、ズレを認識し、必要な修正・変更を加え、再度、行動・発言する。学生たちは、まずは行動を始めることが大事だということを、インパクトをもって学びました。

成田　一連の流れは、ＰＤＣＡになっていますね。今の若者は、周囲の目に敏感で、意見を述べることや、自発的な行動をしたがらないという印象があります。

向井　ＰＤＣＡのＰ（＝Ｐｌａｎ、計画）はしても、Ｄ（＝Ｄｏ、実行）にはなかなか至らない状況を突破する研修といえます。

●知識、他人事で終わらない。自分のこととして習慣化する

成田　さらに、「７つの習慣Ⓒ」の内製化に取り組んでいるとのことですが。これはフランクリン・コヴィー社の商標なのですね。書籍は世界で３０００万部売れたそうです。

向井　ライセンス料を支払って実施しています。「７つの習慣Ⓒ」は抽象度が高いものですが、中心となるのは〝主体的であること〟〝思いやりを大切にする〟〝時代を超えても、嘘をついたら怒られる〟など、原則的なことに沿っています。この「７つの習慣Ⓒ」は、清川が申し上げる〝人間力〟と非常に強くリンクしています。そこで２０１９年、内製化して研修を実施しました。

●7つの習慣©
第1の習慣　主体的である
第2の習慣　終わりを思い描くことから始める
第3の習慣　最優先事項を優先する
第4の習慣　Ｗｉｎ‐Ｗｉｎを考える
第5の習慣　まず理解に徹し、そして理解される
第6の習慣　シナジーを創り出す
第7の習慣　刃を研ぐ

この研修は社会人経験1年以上の管理社員が対象です。社会人経験があったほうがより理解度が深いということで対象を絞って実施しています。組織の中で自分の職場を振り返りながら自分のあるべき姿を見つめていく「7つの習慣©」カリキュラムです。「状況を自分の職場に置き換えて、職場の同僚、コミュニケーションがスムーズではない上司、自分とそれぞれの相手の立場に立って考えてみてください。どんな感

情が生まれましたか」と研修テーマに意識を喚起していきました。

成田　それなら他人事で終わったりせず、自分のこととして受け止められますね。

向井　さらに、「自分ができたことも見ていきましょう。どのように機能したのか、どんな効果があったのか。成果と課題の両方を見てください。日々、意識しましょう」と、研修と次の研修の間に実習課題として参加者に日々振り返りをしてもらいます。誰もが忙しいですが、あえて振り返って考える時間が大事なので、必ず実施するよう仕組み化します。

成田　ＯＪＴであり、習慣にするための取り組みですね。習慣が身につくことが人間力の向上に繋がりますね。

向井　先ほど少し触れた７：２：１の法則ですが、研修を受けたり書籍を読んだりするよりも、現場経験は成長する効果が一番高いでしょう。ＯＪＴは現場で先輩が後輩に指導することに捉えられがちですが、私たちは各々の職場実践と捉えています。

成田　習慣化がシステマティックになされていくのですね。同時に、職場によって成長の仕方も多様でしょう。

向井　成長は環境によって大きく違ってきます。理解度は地頭の良さが関連するかもしれませんが、成長の度合いは上司が人財育成に対してどのような意識を持っているかで変わってくると思います。例えば、A、B、2人の支店長がいたとしましょう。Aは厳しく数字を追いかけ、よく叱責をする。Bは事実に対してどのように対処したらいいかなど、研修で学んだスキルを用いてアプローチをする。この2人の上司であれば、支店の売上達成率に多少の差はあれど、部下の成長の度合いは違ってくるでしょう。

成田　上司も部下の研修内容について理解する必要がありますね。

向井　上司と部下は多くの組織で理解し合えておらず、上司が知らないことが多いのが実情でしょう。上司には部下を褒めてあげてほしい。部下には自己肯定感を持ってもらいたいです。

成田　仮に上司が「何でも相談してください」と言っても、すぐに話せるようになるわけではありません。

向井　人は人と話すとき、何重にも壁があると思います。壁を一つひとつ取り除いていく作業がコミュニケーションの中で非常に重要だと思います。

●試行錯誤を重ねてバージョンアップしていく

成田　研修プログラムを手づくりで開発していくことは大変な試行錯誤もあるでしょう。

向井　バージョンアップを重ねています。例えばワークショップ形式の研修での答えは講師役の社員をはじめ、受講者各々が持っています。その答えをいかに引き出すか。まさに人と人との壁を取り払う試行錯誤を重ねているのです。

「職場のＰＤＣＡを考えてみましょう。どんな実体験がありましたか」と、グループメンバーでの話し合いを促し、「先ほど研修で話したことと、どのように繋がりがありますか？」と、ワークショップでの気づきを持つよう誘いかけ、メンバーからの意見を広げていこうと試みますが、「この人はどんな人？」「この研修おもしろいの？」「私の意見を他の人はどう思うのだろう」「正しいことを言わないといけない」などなど、様々な感情が入り交じり、壁が立ちはだかります。壁を取り払う一つの方法が意見を認めることです。講師は、受講者の意欲を上げつつ抵抗感を下げ、講師が先走って喋らないように心がけ、笑顔で意見を拾っていくことに努めます。

成田　準備も大変でしょう。

向井　研修は、ある一つの事項を教えようとすると、講師はその準備におよそ10倍ほど資料やデータを収集し勉強をします。例えば〝to do管理〟を研修で行なう際には、ウェブや書籍、外部研修でインプットし、最も適した伝え方を見つけ出すように努めます。そこまでインプットした段階で、受講者に3つ覚えてほしいことがある場合でも、欲張らずに「一つでいいので実践してください」と講師に伝えます。

そこまでやってみても、研修後の受講者から回収したアンケートを見ると、「説明がわからなかった」「もっと具体的にしたほうがわかりやすい」と書かれていることもあり、改善の余地はまだまだあると感じることがしばしばです。「課題をもらうことができてラッキーだと思おう」と、気持ちを切り替えて、バージョンアップに努める日々です。

●人財育成に特化した会社へ

成田　技術社員への研修とトラスト部門とは、繋がっているのですか。

向井　未経験講義というのがあります。受講した技術社員の派遣先に、「当社は、本社員に以下の研修を受講させた上で御社に派遣させていただきます」という挨拶状を、カリキュラム内容を記載してお渡しし、派遣先よりフィードバックをいただきます。その後、トラスト部門が技術社員をフォローしていきます。

成田　それは先方も丁寧な仕事ぶりだと受け止めるでしょう。

向井　派遣先企業に派遣元としての教育の進捗を知らせることができるとともに、トラスト部担当員が訪問することで、成長度合いのモニタリングおよび研修の効果を確認することができ、以降の教育現場に反映させてブラッシュアップしていくことが可能になります。

派遣先企業側も人材不足から未経験者を多く受け入れなければならない状況にある

ので、派遣元として未経験者研修の取り組みをご説明することで安心していただければと思います。またお客様の声は必ず研修に反映させていこうという動きも活発化しています。

成田　コプロを通さないと派遣社員は採用しないようになることを目指すという構想に繋がっていく話ですね。派遣先企業との信頼関係のもとに連携して着実に前進していこうとしている様子がわかります。

向井　「人財育成に特化した会社であるコプロの社員は現場の期待に応えてくれる、現場の職人と協力し合える、辞めない」という声をコプロの人財育成の成果としてアウトプットできるようになれば、派遣先企業からの評価がより高まるでしょう。いずれは、「コプロには派遣先企業が欲しい人財がいる！」といった謳い方をしたいと考えています。

成田　清川社長が語る、絶対品質・絶対価格を約束する人財育成ということですね。

向井　技術社員自身も「コプロが派遣先に言っていることは本当で、そこに時間と資金を投下している」と考えてくれているという手ごたえも感じます。

成田　それはどんなところに感じますか。
向井　一つのプロジェクトが終わっても、派遣先企業がその技術社員を採用し続ける、離さないということは一つの結果だと思います。また、できる技術社員には派遣先から入社の誘いかけもあります。それでもコプロに残ることを選ぶという声を聞くと嬉しく思い、手ごたえを感じる瞬間です。
成田　インタビューの締めくくりに、向井さんご自身の、人財育成にかける思いをお聞かせください。
向井　お客様に選ばれ、その後も選ばれ続ける会社、そして社員が喜ぶ会社、強い会社にしていくため、人財の土台づくりに取り組んでいるところです。試行錯誤の連続で、非常に多くのエネルギーが必要で、私自身、全力を投入していると言っても過言ではありませんが、大きな喜びを感じています。事業戦略を達成するために必要な人的能力を描き出し、能力育成のために整えなければならないものを取り揃えるということには、極めて深いものがあり、いくら勉強しても足りませんが、面白くて仕方ありません。難易度が高いのは間違いありませんが、本当にやりがいがあります。コプロを業界ナンバーワン、日本一の人財育成企業にすることが目標です。

ここがポイント！

◉〝人間力〟を高め、ビジネスの成果を上げる

培われたカルチャーを人材開発理論と融合し、人財開発システムとして体系化することで、ビジネスの成果を上げていく。

◉ヒューマンスキルを習慣化する

〝人間力〟と親和性の高い「7つの習慣©」を内製化した教育システムを通じ、社員がヒューマンスキルを習慣化していく。

◉派遣先と連携して人財育成をする派遣会社となる

技術社員への教育の進捗を派遣先企業に知らせるとともに、技術社員の職場実践について現場の所長から評価を受ける。さらにトラスト部が技術社員をフォローし、成長を促す。

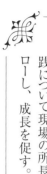

2―3 派遣社員が現場で働きやすくなるための信頼の要

管理本部　法務部　部長　森尻勝美さん
（取材時：営業本部　コンプライアンス部　部長）

●CS課の発足と休止

成田　御社のアフターフォロー専門部署のルーツは清川社長がコプロ・エンジニアード設立前の会社で、親会社の承諾を得ることなしに言わば非公式に発足させた部署とのことですね。

森尻　実は私もその会社におりました。若手営業担当者が中心であることが業界の特徴の一つで、入社2～3年目で支店長に昇進する人財もいます。一方、派遣される社員は平均50代であり、派遣先企業の現場所長も40～50代のそうそうたる経歴の持ち主です。派遣先の現場でトラブルが発生した際、経験豊富な人間が対処しないことには収まるものも収まらず、対応策として50代の営業担当者を配置することを試みました。しかし、定着には至らず軌道には乗りませんでした。

次の施策として若手営業担当者に現場のフォローをさせることにしました。しかし、アフターフォローよりも顧客開拓に意識が向かい、営業の成果を上げることを優先したり、営業目線で派遣社員と接してしまうのです。派遣会社に共通することですが、現時点において案件数のほうが上回っている売り手市場なので、採用できれば１００％配属できてしまうのです。売上至上主義のビジネスをすることも可能ですが、それでは派遣社員の定着率向上が図れません。

そこで代表の清川が、どの同業他社もが未着手であった派遣社員の配属先訪問をする部署を他に先駆けて設けたのです。

成田　業界の中でも新たな取り組みを始めるということは、試行錯誤もあったろうと想像します。

森尻　私は、その前職で清川との縁があり、コプロに入社しました。そしてコプロにもトラスト課の前身であるCS課が発足しました。

成田　CSというのはカスタマー・サティスファクション（顧客満足）の意味ですね。

森尻　一般的には顧客満足とは取引先や消費者に対するあり方を指しますけれど、私たちの場合は派遣する技術社員を大切な顧客と位置づけてフォローしていこうという意味においてのCS課です。しかし、営業の下部組織的存在に位置づけられ、様々な要因から、トラブル対応も契約更新の確認も、すべてCSが担当することとなり、本来の目的からは外れてしまいました。CS課の社員も次々と退職していきました。それで2018年度には一度CS課を休止としたのです。

●ミッションを明確にし、トラスト課として再出発

成田　技術社員の方の反応はいかがでしたか。

森尻　当社は主に技術社員を対象とする安全大会の「コプロ・コンベンション」を全国の各エリアで開催しています。コンベンションに参加した技術社員から「配属され

ている部署に誰も来なくなって寂しくなった」「前より連絡が取りづらくなった」など多くの声が寄せられました。それを受け、清川から、CSの反省点を踏まえて復活計画を立てるよう私に指示がありました。

復活計画を立てるにあたり、営業との業務の区分、職務分掌を明確化し、2019年4月1日、コンプライアンス部トラスト課として新たに発足しました（2020年4月より人事戦略本部トラスト部に変更）。コンプライアンスとしての長時間労働の是正や健康診断受診の促進、労働災害対応はもちろん、志事での困りごとや悩み、要望など相談を受ける役割を担います。

トラストすなわち〝信頼〟を築く課として、技術社員一人ひとりに寄り添い、安心して志事ができるような環境をつくることによって派遣先からも信頼されるコプロとなることを目指しています。

成田　どのような相談や要望が寄せられますか。

森尻　ハラスメントが疑われる相談から、通勤が長くて勤務場所を変えてほしい、人間関係がうまくいかないので別の配属先にしてほしいなど実に多種多様です。中には我儘に過ぎないのではないかと思われるようなことまであり、事実なのか、緊急を要する事態なのか、思い違いではないのかなどを確認し、見定めて対応します。

成田　技術社員の方は現場に出勤して自宅に戻る日々の中で、現場の人々と気心が知れて苦楽をともにしていると、そこでの仲間意識が生まれてくるでしょう。一方で、派遣元との接点があまりないとすると、帰属意識はなかなか持ちにくいかもしれません。トラスト課の社員が訪問しても、「あなたは誰?」といった事態も想定されかねませんね。

森尻　何よりも重要なのは、心を開いてもらうことです。打ち解けると、トラスト課を頼って悩みを打ち明けてくれるようになります。しかし、例えば技術社員が営業担当者や事務担当者に何らかの問い合わせをして、返事が遅れるなどのケースが日常の中で繰り返されると関係に溝が生じます。仮に技術社員との気持ちの齟齬《そご》が生じていたら、寄り添う姿勢を示し、少しずつ距離を縮めるのがトラスト課です。技術社員と内勤社員、そして派遣先とのパイプ役となることで技術社員の定着を図るのもトラスト課の使命なのです。

●健康管理のサポートで不就労を削減し、売上をアップ

成田　同業者の中にも、同じような取り組みをしている企業はあるのでしょう。

森尻　フォローの部署を設けている会社はあります。ですが、その会社がどれだけ社員を定着させる意思があるかによって、力の入れ具合は異なるでしょう。コンプライアンスに関わる長時間労働など目に見える事項についてはしっかりやっている会社は多くあります。コプロは、コンプライアンスは当然として、３０００人採用したら３０００人定着していただくというスタンスであり、寄り添うフォローの強化を図っています。

成田　今、力を入れていることは何ですか。

森尻　取り組んでいることの一つが欠勤理由の明確化とその分析をもとにした適切な対処です。そして健康管理のサポートをしっかり行ないたいと思っています。健康になっていけば出勤日数が増え、本人の収入も多くなりますし、同時に派遣先も工事が

順調に進むことになります。

成田 フォローの地道な努力が具体的な成果として表れるということですか。

森尻 会社全体の目標としては、年度の不就労（＝休み）を約1000日なくし、翌年度は2倍の約2000日なくすことを目指しています。実現されれば、トラスト課の存在が数字になって示されたといえるでしょう。

●社内の仕組み改善に繋げる

成田 トラスト課はきめ細やかに技術社員と向き合っていると感じました。

森尻 人間関係を深めるということと、技術社員の健康管理、勤怠管理も着実に行なています。技術社員が今月何時間残業しているのかをリアルタイムで把握し、80時間を超えそうであれば、早めに所長に抑制を促します。

成田 現場で技術社員とコンタクトする中から課題を見出し、仕組みの改善に繋げることも可能かもしれません。

森尻　この業界で実際に起こりうるケースとしては、技術社員は支店に所属しているのですが、派遣先との調整の中で当社の別の支店の所属となる場合があります。その際に本人が知らないままに所属する支店が移されてしまうと、技術社員の不信感を生み出すきっかけとなります。

私はこのようなケースを受けて、仕組み作りを社内に諮りました。その結果、事前に支店長が内示を出して、技術社員にも事前に伝えられるようになりました。これが徹底されれば不信感を生む可能性の一つの要素は取り除くことができます。今後も、トラスト課員からの情報をもとに私から経営トップの決裁をとり、全体のルールにしていこうと考えています。

成田　経験が十分でない人であれば、自分の志事が問題なく職場に受け入れられているのか、会社からはフォローが確実になされるのか、などといった不安があると思います。それに対して、フォローのための専属のトラスト課があり、会社がその部署を重視しているということですね。

今後のトラスト課の取り組みを教えてください。

森尻　健康管理のフォローとアドバイス能力のレベルアップを図っていきます。保健師を配置し、食生活改善など健康管理に関する的確なアドバイスができるよう、必要となる専門知識をトラスト課のメンバーが身につけ、資格を取得していきます。さらに、心理相談員を置くなどして、メンタルケアについても専門性を高めていきたいと思います。不就労をより多くの出勤へと変えていきたいです。

成田　人と人の信頼関係なので時間がかかる仕事ですよね。

森尻　私もトラスト課員として技術社員の派遣先の現場をまわっていた時代、ある方が職場での人間関係で躓《つまず》き、困難を抱えていましたが、「森尻さんが現場に来てくれるから、一生懸命私もがんばるね」と言われました。そのとき、気持ちは通じるのだと思い、トラスト冥利につきました。

成田　森尻さんにとって清川社長が言う〝人間力〟とは、どのようなものですか?

森尻　すべてに通用すると思いますが、人間力の向上がメンタル面の向上やトラブルの解決、営業のプレッシャーを乗り越える根源になりますし、人として魅力ある人財になるためには必要なものだと思います。トラスト課として働くことはまさに人間としてのカ、〝人間力〟が問われ、鍛えられていくものだと実感しています。

ここがポイント!

◉派遣社員のフォロー専任を配置している

従来の派遣会社にありがちな営業担当者による兼務としてではなく、派遣社員のフォローの専任者が定期訪問し、相談等に注力する専門セクションがある。

◉フォローを通じ、成果を生み出す

例えば、フォローによって欠勤の分析と健康管理のサポートを行ない、出勤日数を増やす。それによって当人の収入は増え、派遣先の工事は順調に進行するなどの成果が着実に出ている。

◉フォローのフィードバックを社内改善に繋げる

現場における技術社員の状況を把握し、明らかになった課題を社内にフィードバックし、各施策の改善を図るなど技術社員に寄り添って社内制度も変えていく。

第3章

現場に聞く
「派遣」という価値、選択

第3章は、現場の声をお届けします。最初に登場するのは、採用した技術社員を教育し、一人前の現場監督となるための支援をするキャリア開発部の部長です。ご自身がコプロ創業時の技術社員1期生とのことです。豊富な経験を新人の育成に活かされていることがお話から伝わってきます。

続いて、技術社員が5人登場します。新卒、子育て世代、ベテラン、外国籍社員といずれもコプロを、日本の建設業を担う人財でしょう。コプロの技術社員がどのような思いで〝志事〟をしているのか、ご紹介します。

（このインタビューは2019年11月に行なわれました）

3-1 アウトプット志向の派遣社員研修で成果に繋げる

人事戦略本部　トラスト部　課長　松岡宏樹さん

（取材時：人財開発本部　技術社員キャリア開発部　部長）

●時代の要請に応える未経験者・新卒者育成のキャリア開発プログラム

成田　技術社員キャリア開発部で行なっている研修についてお聞きかせください。

松岡　当社に技術社員として入社される方は次の３種類に大きく分けられます。（１）現場監督やＣＡＤオペレーターの〝経験者〟、（２）何らか建築業以外の社会人経験をして建築業を初めて志す〝未経験者〟、（３）〝新卒者〟、です。それぞれに応じた教育研修のプログラムと手法がコプロにはあります。

成田　近年は未経験者が増えてきていますね。御社の場合、２０１９年11月末までの中途採用者６２２人中ほぼ半数の３０８人が未経験者です。また新卒では２０１５年入社から２０１９年入社までの累計１５５人のうち理系が14％であるのに対して文系は86％に上っています。これは建設業界を取り巻く環境を反映していて、御社が時代の要請に応えていることを表しているのだと思います。一人前に育成するのは大きなチャレンジだなと感じました。

松岡　まさに日々試行錯誤です。ご指摘の通り、人財の確保と育成が日本の建設業界全体としてますます急務となっていることが、その背景にあります。人財開発本部が2018年4月に発足し、私が技術社員キャリア開発部部長を務めることになりました。その以前からアカデミア事業部という部署が研修を行なっていましたが、強化を図った施策です。

成田　強化について具体的に教えてください。

松岡　元来の〝社員ファースト〟というスタンスから外れることなく、より現場で活きる内容に改めました。学び方も座学のみではなく、手や足を動かして実践的に学ぶコンテンツを組み入れています。私自身が今まで現場で経験してきたことを活かし、教科書通りの説明で済ませるのではなく、現場の要素を取り入れながら、受講者が理解しやすく、すぐ使えるように工夫を施しています。

●意欲をもって、安心してプロへのスタートに立つために

成田　最初に未経験の方についてお聞きします。現場に就く前に、どのような研修をしていますか。

松岡　〝未経験研修〟というものを実施しています。現場で必要となる基本的な立ち居振る舞いに加え、人の身を守る＝自分の身を守るというような安全意識について特に強調し、安全に就業していただくことを第一に考えて教えています。この研修における成功とは、プロに向かって自分が目指すべき道筋、やり遂げなければいけないという意欲、自分が何を為すべきかを実感していただけることだと考えています。

成田　プロへのスタートラインに立たせる意識づけですね。

松岡　派遣先に行く前に必要十分な技術・知識を習得させることはできませんので、少しでも不安を軽くできるよう、このように伝えます。

「安心して就業してもらうために、みなさんの質問には必ず答えます」

するると、

「松岡さんは建築の方ですよね。給排水衛生など設備のことも答えられますか？」という設備関係の方からの疑問が投げかけられることもあります。これに対して私は、

「大丈夫ですよ。私には今まで築いてきた人脈があるので、何としても答えを導き出して返答します。たくさん質問してきてください。一緒に成長していきましょう」

と答え、ホワイトボードに自分の携帯の番号を大きく書き、困ったときは電話をするように伝え、手助けすることを約束します。

成田　受講者のみなさんは大きな後ろ盾があることを感じるでしょう。

松岡　予想外の質問が来て、右往左往することもありますが、そういう〝繋がり〟を持つことによって、安心して現場への配属日を迎えてもらうことが第一歩です。

派遣会社でありがちなのは、「研修を少しやって送り出すから、あとは現場でよろしく」というものです。私は自分自身が技術社員だった経験から、困ったことがあれば解決をサポートすることで、彼や彼女はいくらかでも志事がしやすくなると考えています。

成田　現場から質問してくることも研修の続きなのですね。

松岡　派遣社員の研修は限られた時間で行なわれるので、日々の志事と有機的に結びつけることで大きく活かされます。わからないことに遭遇したら解決すべく手を打てる力を付けることが大切です。例えば、ＣＡＤ研修を受けた方が現場に行って、わからないことがあるというので私のところに電話がかかってきたことがありました。その方は当社の他の講師に教わったとのことでした。受講したという講師は他の講義中であったため、休憩時間に連絡を取り、回答をもらいました。できる限り質問にはリアルタイムに答えてあげることを心掛けています。今困っているのだから、待たせない、という対応が大事です。

●講師の歩んだ派遣社員の道

成田　技術社員に向き合う松岡さんの姿勢がよくわかりました。そこで、松岡さんご自身がどのような歩みをされてきたのか、そのあたりを伺ってみたくなりました。

松岡　私は三重県出身で1998年に大学の建築学科を卒業してから、自分で工務店を持ちたいという強い思いを抱いていました。学生時代に設計図は学びましたが施工図というものがあるのを知り、いずれ役に立つと思って愛知にある施工図関係の大手企業に入社しました。建物を造りたいという気持ちから、入社した1年後、工務店に転職しました。木造の注文住宅を手がける社員6人の会社です。現場監督から営業、見積もり、展示場の案内係もしました。小規模の会社で、職人はヘルメットや安全帯など安全に対する意識もほとんどなく、どちらかと言えば横着でした。私はその会社で職人との付き合い方を学びました。施主とも直接やりとりして、木造で1億円というあまり経験できないような物件を手がけたりもしました。しかし「やっぱりビルを造りたい」という思いを抱いたのです。とはいえ中途入社となる以上、名だたる会社への入社はかないません。このとき初めて派遣業界を知りました。派遣社員になればビル造りに携われるかもしれないと思い、派遣業界に飛び込みました。その後、コプロ・エンジニアードという派遣会社が名古屋にできたのを知り、入社したのです。技術社員となり、ゼネコンなどの建設現場に派遣されました。30歳の頃です。

成田　コプロが送り出している現場監督を、まさにご自身でしておられたのですね。

松岡　役員からは、当時このようなことを言われました。

「いずれ人手不足が厳しい時代に突入する。高齢化も進む。会社の事業規模が拡大していくと、未経験者を募集する時代が到来するだろう。教育がより一層重要になってくる。松岡さん、教えることに興味はありますか？」

成田　松岡さんの経験と仕事への姿勢が評価されたのですね。第1期生では現在のような研修はなかったでしょう。

松岡　研修制度は未整備で、住宅しか経験のない私が大手ゼネコンの現場にポンと送り込まれました。もちろん最初は大変苦労しました。教えてくれる人も頼れる人もいません。ビルを建てることに憧れていた私でしたが、十円ハゲをつくりながら志事をしました。そんな思いは新人たちにさせたくありません。せめて、監督とはどういう志事をするのか、基礎的なことは教えた上で送り出したいと強く思いました。それが、私が人財開発本部に移ってきた理由の根幹にあるものです。

●新卒は、何がわからないのかがわからない

成田　次に、社会人として経験ゼロからスタートする人たちである新入社員研修について教えてください。

松岡　新卒の技術社員は〝わからないことがわからない〟ということだと私は理解しました。最初は普通に一方的な座学をしました。そのとき、こちらからの質問に対して、「はい、わかりました」という返事でした。しかし、すべての問いかけに「わかりました」が返ってくるのです。

ある時疑念がよぎりました。建築学科卒の私でも、そんなに理解できていたかな、と。ましてや新卒社員のほとんどが文系卒でした。そこでやっと、「これは、わからないことがわからないんだな」と気づき、一方的な座学をただ続けても大きな成果は見込めないと思ったのです。

成田　明日の自分の仕事に役立てる欠かせないものというところまで意識が追い付い

ていなかったり、知識と現場の仕事が結びつかなかったりするのでしょうか。

松岡　そうなのかもしれません。そこで、座学の次に別のプログラムを1時間ほどした後に、「さっき講義で学んだ内容をアウトプットするグループワークをしましょう。みなさん、覚えていますか？」と問いかけてみました。

講義内容を十分に理解していればディスカッションが成立するというコンテンツを取り入れたプログラムです。徐々にグループごとのディスカッションが始まり、やがて活発に意見が飛び交います。「これは、こういうことだから」と根拠に基づいた説明が出てくるグループもあれば、根拠は曖昧ではあるけれど基本的な理解はできているグループもあります。参加型の研修を取り入れることで、参加者同士が理解を確認し合えるとともに、講師は、自分の講義がどの程度理解されたのかを把握することができたのです。

成田　一方的なインプットで済ませるのではなく、同じ立場同士でのやりとりだからこそ、引き出し合うものになるのですね。そういう場で、講師はつい口を出したくなるものですが、じっと我慢するのも大事です。どのタイミングでどんな言葉をはさむのがよいか、ファシリテーションは難しいでしょう。

松岡　難しいです。私としてもそのたびに、ここは変えたほうがいいかなと、前にやった研修をよしとするのではなく、その都度やり方を変えています。変えてみるがゆえに失敗することも多々あります。常に私も勉強です。

成田　研修はいかにモチベーションを保つかが習得に大きく影響すると思います。特に知識の面においては、なぜこれを覚えないといけないのかというような気持ちになることもあります。

松岡　研修に受講者がどのようなマインドセットで臨むかは大きな課題の一つです。一例を挙げれば、設備工事の現場に配属された社員たちからは、「建築のことばかり取り上げないで設備のことをしっかり教えてほしい」という声が上がります。講師としては、分野に関係なく重要なところを取り上げているのですが、設備の人からはそうは思えなかったのでしょう。不安になったり、自分には関係ないと思ったりしたのかもしれません。振り返ってみると、その講義の狙いが「設備や建築等配属先にかかわらず、みんなが知っていないといけないことです」と最初に伝えていなかったのです。そのため気持ちの準備ができず、モチベーションが上がっていなかった、ということに気づかされました。

そこで「設備の研修をやってくれるって言ったじゃないですか」と訴える彼らに、「わかった、次回、びっくりするような研修を用意する！」と宣言しました。

成田　どんな研修をしたのですか。

松岡　すべて設備の内容にしました。

「分野としては設備を取り上げます。設備を習う前に、例えば人は、空調の温度設定を何度ぐらいにすれば快適と感じるのか、湿度は何％がいいのか、これをわかっていなければ、設備の必要性、自分の志事の必要性がわかりません。その知識を得るため、空気環境や環境工学を大学では学びます」

と、根本の部分を伝えることで講義の狙いが理解され、設備の人も建築の人も身が入りやすくなります。

成田　納得感が大きい学び方ですね。他分野と思われたことが、より深いところで自分の仕事に活かせるようになるのだと思います。

●職人さんはコワい？　教科書に書いていないコミュニケーション・スキル

成田　さて、現場でのコミュニケーション・スキルについては研修を受ける側も関心が高いのではないでしょうか。

松岡　コミュニケーション能力については、絵をツールに用いるのも良い方法で、言葉を介して相手に伝えるだけでなく、自分の最も得意とするコミュニケーション方法を取ると良いことを伝えます。私は社会人としてのベテランに不得意なことやできないことを無理強いはしません。言葉で伝えるのが苦手な人ならば、スケッチを多めに描くことで自らの意図が伝われば必要な業務は成立するのですから。

成田　ベテランの方たちが苦手とするものといえば、CADも同様ではありませんか。

松岡　苦手というか、「便利なものを使わなくても、俺はできる」とほとんどのベテラン社員は思っています。CADなしで活躍してきた人たちを、新たな分野に手をつける気にさせるのはなかなかハードルが高いのです。

成田　気持ちを仕向ける手立てはあるのでしょうか。

松岡　例えば安全大会で年配の方に「ＣＡＤって興味ありますか？」と聞くと、「今さら」と言う方が多いです。「でも、現場で面積を出すとき、電卓を使われていますよね。ＣＡＤのすべての使い方を覚えなくても、監督がよく使うところだけを覚えると、監督の業務が楽になることがありますよ」と言うと、ベテラン社員のＣＡＤへのハードルが下がることが多く、講習にも来てもらいやすいのです。

近年、監督はＣＡＤでゼロから図面を描けなくてもよく、その方の志事の手助けになるようなことを教えるコンテンツを入れています。実際に講習に来てくださった方は「思っていたより、難しくないね」とＣＡＤへの関心を高めてくださいます。現場で役立つことを絞って教えていますので、狙い通りです。

成田　受講者のモチベーションを高めるのも、講師のコミュニケーション・スキルですね。新卒は職場でのコミュニケーションについて、不慣れなのではないかと推察しますが、いかがでしょう。

松岡　社会人経験も少ないので、一番大切なことは何なのかということがわかってない人が多いです。そこで、まずは、「『こうですけれど、いいですか』『はい』という会話で必要なやりとりが成立したと思ってはいけません。自分が思っていることと伝えた相手が思っていることが一致しているかどうかを最後に必ず確認しなさい。建物を造った後では壊さなければならなくなって、大変なことになるから」と指導します。私が新卒の社員だったら、職人さんに「3時までに、ここを修正してください」と修正内容を紙に書いて渡し、そのあと、「何時までに修正してもらえますか」と一言付け加えます。そうすると、職人さんから「え、3時でいいでしょう」と返ってきます。確認のやりとりをすることで、お互いに向いている方向が同じだということが確認できます。その一言がなければ、伝わったかどうかわからない、と教えます。

成田　会話の仕方もロールプレイングのように指導しているのですね。

ところで新卒は、職人さんに対しておっかなびっくりというか、職人さん＝怖い人というイメージが強いのではありませんか。

松岡　たしかに怖いオーラを出している人は多いです。だからといって、挨拶して無視されたから自分も挨拶をしなくていいということにはなりません。「必ず自分から挨拶しなさい。無視され続けてもしなさい。どこかで切り替わるタイミングが来ると、とても仲良くなれるから」と新卒には話します。それは、私の実体験からきています。職人さんは、不愛想にしているわりには、話しかけてもらえることが嬉しいのです。

私の見立てでは、休憩所を見れば、職人さんとコミュニケーションできている監督かどうか、すぐにわかります。職人さんは、気心の知れた監督には缶ジュースを差し入れします。特に女性の現場監督のところにはお菓子も含め、たくさん集まってきます。これは教科書には書いていないコミュニケーション・スキルで、現場にはそうしたコミュニケーション・スキルが様々あるのです。

監督は生き残り方が2つあると思います。知識で武装する監督と、周りの助けを得ながら会話でコミュニケーションしていく監督です。どちらもあっていいでしょう。コミュニケーションはいずれの武器にもなります。誰よりも人を巻き込める監督になれば、知識が少なくても活躍できるというところも伝えています。

成田　非常に実践的ですね。

松岡　今、お話ししたことに「CEL研修」の根幹があります。

成田　コミュニケーション自体が苦手という人も中にはいることでしょう。

松岡　未経験研修の受講者にいました。その方は、現場監督はコミュニケーションが大切だと初めて知った様子でした。彼に伝え方の話をしました。周りを巻き込んで進めることが苦手と思うのかもしれないけれど、最低限はできないといけません。何か苦手なことがある人でも「建設の仕事を希望して来たのですよね」と言うと、ほとんどは「はい」と答えます。彼もそうでした。「自分に合わない方法を突き詰めても心理的に疲弊するばかりだから、自分でできる方法を考えなさい」と話し、絵を描くコミュニケーションの方法などがあることを付け加えます。

成田　ミスマッチにならないように、教育の場でできるかぎり苦手意識を軽くして、現場に送り出すということですね。

松岡　研修の締めくくりの言葉は、私はいつも決まっています。「みなさん現場に行って絶対苦労します。でも助けます」

●「OJTシート」の往復が技術社員を育てていく

成田　技術社員は現場がバラバラになると思いますが、同期という意識は持てるのでしょうか。

松岡　技術社員は現場によって違う志事をしているので共通の話題もあまりなく、基本的には孤独です。2019年時点、当社の新卒は1期生から5期生までいます。ある期は技術社員同士の繋がりが特に薄く感じたので、1週間の合宿をしました。各支店がいっしょになって測量機器の使い方など実地研修をし、夜は講師を交えて体育館でバレーボールをしました。研修が終われば、バラバラになるのでLINEを交換し合いました。すると、九州で起きた話を関東の社員が知っているほど結びつきが強まりました。他業界であればそれほど意識しないことかもしれませんが、私たちにおいては、とてもいい成功事例となりました。それで次の期にもLINE交換を促したら、すべての話が筒抜けになりました。研修は東京、大阪、名古屋で分けて実施するのですが、1日目に東京で講義した内容がネタバレしてしまい、驚きました。

成田　同期という気持ちがあると支えになるでしょう。各自、それぞれの職場に戻り、次に再会したときは、互いの成長を見て、いい刺激になるでしょうね。

松岡　技術社員と私たちを繋ぐものにA4サイズの「OJTシート」というものがあります。「現場で今、型枠工事を進めています」「来月は完工予定と聞いています。どのような目標を立てて志事に取り組みますか」などのやりとりを月に1回実施しています。

技術社員は、自分としての目標と、目標を達成するために実践する内容などを書き記します。それに対して私たちはOKを出す、あるいは修正を促します。そして1か月実践して、何がうまくいって、何がうまくいかなかったか。その原因は何か、ということを記入し、派遣先企業の方と本人とで面談をします。そして、コメントを入れて、私たち宛に送ってもらいます。私たちキャリア開発のメンバーは、研修で学んだことが現場で活かせているかなど毎月確認と共有を行なっています。

成田　目標というのは、例えばどんなものですか。

松岡　「現場所長から指示があり、来月、品質管理の写真を撮ります。撮り漏れがないように注意します」ということが目標の欄に書かれていたら、私は赤ペンを入れます。「注意は誰でもします。注意という意識だけではそのようにならないことが多いです。具体的にどういう行動をしますか」と書いて返します。そこで社員は研修を振り返り、撮り漏らしがないようにするポイントを確認します。（１）事前に職人さんに伝えておき、職人さんから撮れるようになったよと電話をもらいます。（２）そういうことができる人間関係をつくっておきます。と返ってきました。具体的な行動になったことは評価できました。

成田　実際には無事に取り漏らしなくできたのですか。

松岡　職人さんと「１、２、３の写真を撮りますと確認し、撮れるようになったら電話をください」という連絡ができて、工程がスムーズにいけば無事撮り終えられます。ところが、今回のケースでは上手くいきませんでした。ちょっとしたことで失敗する場合もあります。例えば、職人さんから１回電話がありました。現場監督は携帯が鳴ったらすぐに出ますし、着信があったら直ちに折り返します。ところが会議中で電話に出られず、折り返せませんでした。会議が終わって、そろそろ撮れるだろうと現場に行ったときには、もうその職人さんの姿はありませんでした。別の現場に行ってしまったようです。撮るべきところは既に次の工程に移っていて、撮れなくなっていた、という結果でした。

こういう事態を事前に回避するにはどうしたらいいかというと、最初に職人さんにお願いするときに時間の設定をすべきだったのです。「何時くらいに撮りたいと思うので、それまでに撮れるようになったら電話をしてください」と目標地点を設定することです。仮に職人さんが現場を離れてしまうとしても、あなたのことが頭をよぎれば、連絡がとれないままにいなくなることはなかったでしょう。つまり、人間関係ができていなかったのです。「あいつ、写真撮るときに電話してくれと言ったけど、繋がらなかったな」と思ってくれたら、紙でメモを置いていくとか、メールを入れてくれるとか、何らかの方法で伝えてくれたでしょう。そこまでの関係性をつくっておこうということを本人はさらに細かく学習できました。

成田　いろいろな想定外のことが起こるのが現場で、だからこそ人間関係が大事だということですね。あとは、的確な目標設定や事前準備に対してはしっかり褒めてあげることでしょうか。

松岡　まさにそうです。褒めるに値するところは彼らも理由がわかっているので、私は端的に下線を引いて、「Ｇｏｏｄ！」と書くくらいです。それで十分伝わります。

●技術社員からのＳＯＳに応える

成田　現場の技術社員からのＳＯＳは、どのようなことで入って来ますか。

松岡　様々ですが、一つは残業時間の話です。現場に入って1年目の社員から、「残業がそんなにあるとは思っていなかったのですが、すごく増えてきました。この状態がずっと続くのでしょうか」と聞かれたことがあります。初めてであるがゆえに先が見えない不安があったのでしょう。こちらからは「今は竣工の時期ですか？　竣工は何月ですか。その後は、そんなに残業することはなくなります。竣工を過ぎても残業が多かったら、トラスト課にでも私にでも言ってください。派遣先企業の方にトラスト課から聞いてもらいます。体力的に厳しいようであれば、まず言ってください」と対応します。

工事内容については、例えば、「明日職人さんを増やさないといけません。でも職長からは増やせないと一方的に言われます。どうしたらいいでしょう」。そこで私は「誰かに、その状況を説明しましたか?」と聞きます。すると「私が鉄筋担当なので、私が何とかしないといけないと思っています」。さらに私から「あなたが主導して進めないといけないのはその通りです。でも、あなたに処理しなさいとは言っていないでしょう。所長や協力会社の番頭さんにまだ相談していませんね。まず話し合って、それでもだめだったら、また電話をください」とアドバイスします。

成田　個別の相談への対応は大変だと思いますが、さらに2019年秋に技術社員全員にスマートフォンを貸与したことで増えるのではないでしょうか。

松岡　かなり幅が広がると思います。今、構想しているのは、未経験で入社した技術社員の1年目とその後の質問内容の傾向を分析できるようになることです。必要なデータを蓄積する準備が整ったと思っています。

成田　ビッグデータですか。ＦＡＱができますね。

松岡　その他にも、いずれはコプロ掲示板を始めたいと考えています。Ａ現場の技術社員が質問を書き込み、たまたまＢ現場の技術社員が携帯を見たとしたら、「ああ、このことですね。答えてあげましょう」となると予想しています。当社の技術社員には優秀な人財がたくさんいますから「こうしたらいいよ」と有効なアドバイスが飛び交うようになるはずです。技術社員同士で互いを高められるツールになると思います。

成田　フォローがあれば新人も自信がつき、成長していくことでしょう。ただ、一人前になる前に辞めてしまう人は少なくありません。その理由をどうお考えですか。

松岡　建設業の業務は多岐にわたっています。実際に自分がやることが何なのか、イメージすることが難しいというのが、離職に繋がる理由の一つとして挙げられるかもしれません。私の子どもがお父さんの仕事を作文に書くというので、私の志事について話してみましたが、子どもは全く理解できません。建築物を造るというと、コンクリートを流し込んだり、足場に乗ってネジを締めたり、組み立て作業をしているイメージなのかもしれません。しかし、現場監督の実際は違います。入社した新人も自分が描いていたイメージとのギャップに戸惑う人も少なくないでしょう。とはいえ、離職理由はイメージのギャップだけではないと思います。たまたま残業が重なったなど何かの要因があって辞めてしまうのではないかと想像します。

成田　松岡さんは、この世界から去ろうとはしなかったのですよね。

松岡　私が研修のときに皆に言うのは、「強い意志を持ちましょう。将来、造りたいもの、成し遂げたいことの希望を忘れないようにしましょう。私は独立したいという意志があったから十円ハゲをつくりながらも耐えてこられました。皆さんにも耐えろとは言いませんが、造りたいという強い意志は持ち続けましょう。何を造りたくて建設業界に来たのでしょうか。最初はぼんやりとした気持ちに過ぎないのかもしれませんが、こういう建物を造りたいという身近な目標がなければ、厳しく感じる世界です。最初に持った夢がいつか叶えられるといいですね」ということです。

その話を聞いたある新人は「ドーム球場を造りたい！」と言いましたので、「そうか、ドーム球場はそう建てるものではないけれど、できるかもしれないね」と返しました。造りたいものを胸に描いて、力をつけていってもらいたいと思っています。

●講師は技術社員が育てている

成田　講師のスキルアップもまた重要な点だろうと思います。

松岡　まず、講師を採用するにあたって、技術力だけでなく、いかに技術社員と距離を縮められるか、いかに寄り添ってあげられるかという人間性を重視します。例えば、昼休みは技術社員の横に座り、「一緒にご飯食べよう」と周りを巻き込みながら、「何でも質問してください」というほどの勢いで距離を詰められれば素晴らしいですね。距離を縮める方法を習得すれば、講師は成長します。「この点を知りたいです」と受講者が学びたいことを教えてくるようになり、それによって自分の講義に欠けている点を知ることができます。すなわち成長のチャンスです。上司の私はアドバイスをする程度であり、本質的には受講者が講師を育ててくれるのです。私がよく講師に言うことは、会社のためでなく、支店のためでなく、技術社員のために志事をしておけば、それは支店のため、会社のためとなる、ということです。内勤の社員からの頼まれ事と、技術社員からの質問が重なったとしたら、100%技術社員を優先しなさい。なぜなら、あなたは技術社員の講師なのだから、ということです。

成田　ところで、松岡さんが技術社員時代に見ていたコプロはどういう印象でしたか。

松岡　創業当時も、人を大事にしているというのを強く感じていました。創業して最初の忘年会は家族全員参加でした。代表の清川が言う〝技術社員ファースト〟の姿勢はその頃からずっと変わりません。今では会社が大きくなって家族連れの忘年会はできなくなりました。こんなに急成長をするとは思いませんでした。

成田　なぜ急成長したと思いますか。

松岡　即答は難しいですが、コプロの財産とは何だろうという話を専務の小粥としたことがありました。ノウハウなどは付加できる要素であり、代替可能だけれど、思いを植え付けることはできず、技術社員（人）の会社に対する思いは、おそらく他社に比して強いだろう、と話が進み、会社のことを思ってくれる人が財産ですと答えた覚えがあります。帰属意識が強いとまでは言いませんが、もし他社より強くないとしたら他社に移ってしまうだろうと思います。

成田　松岡さんのモチベーションは何でしょう。

松岡　自分が一人で世の中に貢献できる力は所詮一人分です。しかし、若い人たちに教えることによって活躍してくれれば、自分が現場に立って建設業に寄与できた以上のものが将来生まれるだろうと思います。それが今の私のモチベーションです。

ここがポイント！

◉教科書にない現場コミュニケーションを学び、プロに育つ

未経験者が増える中、現場で起こり得ること等をもとに実践的に学ぶプログラムで人財は育成されていく。

◉技術社員からのSOSに、迅速・具体的に返答する

技術社員が現場で困った際の問い合わせに、最優先で対応し、行動の仕方を教える。技術社員は不安が取り除かれ、現場でのスキルやコミュニケーション能力を習得していく。

◉講師が育つ土壌を大切にする

講師を育てるのは受講者である、との考えのもと、スキルだけでなく受講者に寄り添う姿勢の講師を採用する。受講者とのやりとりから課題を見出し、レベルアップを図る。その結果、有益な研修が実施されている。

３—２ 現場への強い責任感が、若手を成長させていく

新卒採用　３期生（２０１７年４月入社）　施工管理（現場監督）　山口力也さん

東京・城南島。東京都大田市場やバードウォッチングの名所の野鳥の森公園とともに、物流関連施設が並ぶ地域です。ここではハイテクメーカーの物流拠点の工事が進んでいて、その現場監督の一人が山口さんです。ビジネス系の大学を卒業後、コプロに新卒入社しました。

●現場監督の仕事

成田　現場監督として、どのような仕事をしていますか。

山口　外構工事と足場が主な担当です。外構とは建物の周りの敷地の部分です。足場は、作業の段取り、使う機械・工具、作業員の動線などを十分に把握した上で、組み立てていく、とても重要な志事です。

成田　覚えることも多いことと思います。

山口　一つひとつの作業が工程どおりに進まないと、次の作業をする職人が入れません。工程管理、足場の材料の決定、あるいはクレーンの重量と作業半径など計画書を所長に出します。現場を動き回り、日々、所長や職人さんに指導されながら学び、徐々に仕組みが理解できるようになってきました。

成田　人を動かす仕事ですから目配りが大事ですね。

山口　私の段取りが悪いと、例えば請負で来ている職人さんたちの現場に入るタイミングがずれこみ、1日の作業が半日しかできなくなってしまうなど、その方たちの工賃を減らしてしまう結果にもなりかねません。自分が担当する以上、滞りなく進行させなければなりません。早めに来て段取りを入念にチェックすることを心がけています。

成田　山口さんは２０１７年入社ですね。若手からそういう言葉が出るとは驚きました。職人さんに気遣う山口さんの気持ちは伝わるでしょう。

山口　私が担当している職人さんは、私よりずっと年上ですが頼りにされ、慕われ、可愛がってくれます。そのことを誇りに思います。

成田　気の荒い職人さんもいませんか。

山口　中にはいます。若造の私の反応を試すような言葉遣いをされることもあります。しかしそれはわかった上で、そういう人にも私は毅然とした態度で向き合います。私の見てきた同年代の監督は職人さんに対して媚びるとまでは言いませんが、腰が引けている印象です。私ほどしっかり言える人間は見たことがないです。それは、私の強みであって、同時に弱みでもあります。

成田　監督が毅然としてこそ、安全の確保も万全になるのでしょう。

山口　安全を管理することは私たち現場監督の最重要任務です。作業前に周知会を必ず持ちます。足場を解体する手順や部材を外す前の安全帯装着などが適切にできていなければ、正しい方向に指導するのが私の志事です。安全管理については、災害防止協議会を月1回開いたり、災害事例を発表したり、「こういうヒヤリハットの事例がありました。災害ゼロのため、作業にあたってはこれを守ってください。各社、周知を願います」などと徹底を図ります。

成田　仕事の進め方は、それぞれの所長さんのスタイルがあるとも聞いています。

山口　現場ごとに進め方は異なります。もちろん法律で決められていることなどは同じ対応ですが、細かな判断は、私が以前携わった現場の所長と現在の現場の所長とで幅があると感じます。奥が深い志事です。

成田　苦労も多いですね。やりがいはどういうところに感じていますか。

山口　職人さんとコミュニケーションをとりながら作業が計画通り順調に進んでいく、一つひとつの成功に達成感とやりがいを覚えます。この充実感があるからこそ、職人さんと何気ない会話をしたり、志事終わりに飲みに行こうよと誘ってくれたり、私の志事ぶりを認めてもらえていると感じる瞬間もまた非常にやりがいを感じます。人との繋がりを重ねながらスキルアップして、大きな志事をしていきたいと思います。

●できる〝派遣〟こそ、かっこいい

成田　ところで山口さんは、最初から建築の世界やコプロへの入社を目指したのですか?

山口　そうではありません。高校、大学と野球に打ち込んできました。大学4年の夏には消防士になるつもりでいました。

成田　なぜやめたのですか。

山口　公務員は生涯の収入が計算できてしまい、つまらなく感じたのです。大学時代の様々な経験から、自分で会社を興したいとも思っていました。

成田　起業を目指しつつも、企業に入社する選択をしたのですね。

山口　正社員となって働こうと、いくつか会社説明会に行った中にコプロがありました。現場監督に興味が湧いたのです。代表の清川の人柄と熱い思いにオーラを感じ、直感で入りました。

成田　入社してどうでしたか。

山口　実はコプロが〝派遣〟の会社であることは入社後に知り、とても驚きました。学生時代に私がしていたアルバイトで、人を采配するポジションを務めたことがありました。今度は采配される側になったのかと思いました。腑《ふ》に落ちないものを抱きながら現場に派遣されて行きましたが、所長がとても素晴らしい方でした。所長の、使える人間は最前線に立たせるというポリシーに救われました。派遣社員ということで胸を張れない気持ちがあった私は、実際、派遣先企業の社員とのトラブルも経験しました。その社員は、志事を捌《さば》くことができず、目下には横柄な態度でした。その会社の新入社員が現場に配置されてきて、所長の指示で職場の先輩である私が志事を教えていると、「お前は派遣なんだから教えるな」と書いた紙を私の机に置いたのです。それが所長の目に留まり、「こういうことを考えている人間は必要ない。派遣でも社員でも関係なく、使える人間を使う」とおっしゃってくださり、事態は収拾しました。所長には大変感謝していますが、私の気持ちが晴れることはありませんでした。

成田　尊敬できる所長ですね。

山口　その所長に、次の現場にまた来るようにと誘われました。所長の期待に応えて現場をしっかり受け持って、早く一人前の現場監督になりたいという気持ちが湧きました。とても仕事ができる派遣社員で有名になった方もいらっしゃいますし、今では派遣社員で仕事ができる人はかっこいいと思います。

●現場での成長、トラスト部門のフォロー

成田　現場に、トラスト部門の方が月に1回、訪ねてきますね。

山口　これまで様々な話をしてきました。私の志事のことや性格をわかっていただいていて、相談事をしたこともあります。

成田　どういう相談でしょう。

山口　現場での担当の割り振りについて、それまで私が担当だったある業務を別の現場監督に移されたことがありました。

成田　山口さんには任せておけないという低い評価を受けたと感じたのですね。

山口　とても悔しく思いました。トラスト部門の方に話して、私はこの現場を辞めると訴えかけました。尊敬している上役にも思いをぶつけ、所長に「もう辞めます」と言いに行くつもりでした。

　すると次の日、所長に呼ばれ、「一緒に現場を回ろう」と言われました。「何で一緒に回るかわかるか？」という言葉に続いて、足場について次々と質問をしてきたのです。「これはどうするの？」「こうです」「違う。そうすると、こうなるだろう」……そんな会話が続きました。私が力不足であることを、一つひとつ教えてくださりながら、「そこまで重要な仕事を任せているんだぞ」と気づかせてくれたのです。「外構と足場は重要かつ広範囲に見なければならない。それができるのは山口しかいない。それに専念してほしい。だから担当を絞った」ということを私にわかるように説明してくださったのです。ようやく私は、所長の判断と思いがあっての担当変更だったことを理解し、「私の間違いでした」と、所長に深く感謝しました。これを機に、一生懸命やろうという気持ちがより一層強くなりました。

成田　トラスト部門の担当者から所長のほうに話していたのでしょうか？

山口　私は自分の意志は自分で直接所長に伝えたかったので、トラスト部門の方を経由して伝えるようなことは決してしないでくださいとお願いしていましたので、話していません。何も言わなくても私の気持ちを慮《おもんぱか》ってくださった所長と、私との約束を守ってくださったトラスト部門の方に感謝しています。

●CAD研修を入り口に、スキルアップを図る

成田　スキルアップについては、いかがですか。

山口　以前の現場の所長に「CADができないようでは監督として使いものにはならない。勉強しなさい」と言われていました。例えば足場を立てるにあたって、躯体からの距離は、鉄骨の位置や内装作業を考えて図面に示さなければなりません。CADが使えなければ、それができず、確かに使いものになりません。そこで、コプロのCAD講習に飛び込んで受講しました。２日間で基本操作ができるようになり、後は現場に戻って自分でCAD画面と実際を結びつけながら、少しずつ習得していきました。

成田　円滑な作業にはＣＡＤをマスターすることが必要ですね。

山口　ＣＡＤのスキルと現場の詳細な把握は一体となるものです。職人が作業をするためには壁に届かないといけない、階段の裏にも届かないといけない、などいくつもの条件を満たした場所に足場を設置しなければなりません。そこで、作業内容と手順について現地に行ってまず頭の中でシミュレーションした上で上役に確認しながら、足場の組み方を決めていきます。職人が片づけを始める終わりじまいの時間になると上役をつかまえ、「夜、回りましょう」と声をかけます。その日一日の工程の進捗を一緒に確認しながら翌日の工程について話をし、上役が視線を向けてチェックしている箇所を自分も見ていきます。工事をするにあたってはネジ一つ見逃さないように心がけています。

●大切にしていること

成田　仕事の話から離れますが、学生時代に野球に打ち込んだとのことで、今はいかがですか。

山口　自分の野球チームを持っています。元は父親が作った草野球チームを引き継いだ形です。私の地元である平塚で、毎週日曜日を練習日と決めて集まり、私はピッチャーで、関東大会に神奈川県代表で出場しています。私が工事をしている会社のチームとも闘い、1対3で負けました。私たちのチームには甲子園経験者が3人いますが、相手チームには8人いるのです。

成田　接戦ですね。

山口　本気で打ち込んでいる私にとって大切なチームです。コプロのいいところは自分で地域を選べることです。遠く離れた現場の担当になったら、チームの活動がままならなくなるでしょう。派遣先から社員にならないかと誘われることもありますが、転勤は困ります。大切なチームを犠牲にしようとは思いません。

●これからのこと

成田　自分で会社をつくりたいとのことでしたね。

山口　学生時代に起業したいと思ったのは他愛のないことでしたが、今、志事を覚えてきて現実味を増したと感じています。設立時期や、明確な企業像は描けていませんが、コプロのような事業を手がけたいと考えています。今は現場の志事をしながら原価率等を勉強していきたいと思っています。勉強が得意なら資格をとって上に上がると思いますけれど、私は勉強が苦手なので、人とは違う発想のことをして起業したいと思いを巡らせています。根幹には負けたくないという思いが強くあります。

成田　これから社会に出る学生たちに向けて一言お願いします。

山口　責任をしっかり持つということでしょうか。例えば、トビ職さん一人呼ぶのにかかる費用は2万5000円です。そこから私が1日に動かしている工事金額は相当な額に上ることがわかります。任されている志事の重みを常に感じます。ある日、ひどく体調が悪かったとき私なりの責任感から出勤したところ、即座に所長から帰宅を命ぜられ、自宅に戻ったら40度の熱でインフルエンザであることが判明した、ということがあります。それがいいとは決して申し上げませんし、実際、認められないことですが、志事の責任はとても重いので、放棄するようなことをして負けたくはないという気持ちだったのです。仕事に対する強い意志や責任感を持つことが、５年後、10年後に響いてくるとしたら、そして少しでも成長できるならば、今、苦労しておくことがいいと思います。

ここがポイント！

◉現場の経験と出会いが一人前の監督に育ててくれる

現場監督として毅然とした態度を示し、現場を隅々まで把握し、責任ある仕事をすることに努めるように意識が変革したのは現場の経験と出会い。

◉自分が長く続けてきたことを大切に守ることができる働き方

自ら率いる野球チームをずっと続けていきたい。そのためには、自分で仕事を選ぶことができる派遣の技術社員というスタイルが有益。

◉起業を見つめる

コプロと同様の会社をいつか起業したい。起業に向けた企業設計の仕方を現場から、コプロのビジネスモデルから学び取っていく。

3－3　CADとの出会いをきっかけに、独立も視野に入れて

2018年3月入社　CADオペレーター　古川　恵さん

古川さんの現場のある熊谷市は夏の暑さでは日本で一、二を争うことで全国的にも知られ、冬は空っ風が吹く土地柄です。子育てと両立でき、子どもの教育費が確保できる仕事を探していた古川さんは転職サイトでコプロを見つけます。CADと出会い、仕事がますます面白くなってきたと語り、独立の夢もあたためています。

●子育て優先で両立できる仕事を探す

成田　今、どういう現場でお仕事されていますか。

古川　埼玉県内の物流センターの新築工事現場で、設備会社のＣＡＤオペレーターをしています。２０１９年1月に派遣されました。自宅から車で小１時間くらいの場所です。２０２０年1月末竣工予定です（２０１９年12月時点）。

成田　ＣＡＤは、コプロに入る前も、手がけていらしたのですか。

古川　コプロに入ってからです。それまでは触ったこともありませんでした。

成田　以前は、どんなお仕事をされていたのですか。

古川　私は6年前、２０１３年に10か月の子どもを連れて離婚しました。そこで0歳児の子育てと両立できて、将来の子どもの教育費が確保できる志事を探しました。最初に生命保険会社の営業を1年間し、それから配送のドライバーをしましたが、１か月で辞めました。

成田　古川さんが求める条件にうまく合う仕事がなかなか見つからなかったということですね。生命保険会社の営業の収入は成績次第ですが、配送はどうでしたか？

古川　配送も社員ではなく委託契約の出来高払いで収入が不安定だったので、長く続けられる志事ではないと思いました。

成田　保育園は待機なしに入ることができたのでしょうか。

古川　一人親だったので入りやすかったです。私は実家で母と３人で暮らしています。父は単身赴任をしていて普段はおりません。子どもの保育園の送り迎えは母がしてくれます。保育園は月～金で、土日は私が子どもと過ごす時間にしたいのですが、配送の仕事も生命保険会社の営業もお客さんに合わせて動かないといけないことが多く、土日出勤がとても多かったのです。

成田　それで次の仕事を探したのですね。

●転職サイトで〝施工管理〟が目に留まるも、何の仕事かわからない

古川　転職サイトで探していたら、〝施工管理　26万円から〟という言葉に目が留まりました。とはいえ、施工管理がどういうものか皆目わかりませんでした。工事関係の仕事は今まで気にもとめたことがなかったのですが、26万には目が留まったのです。勤務時間を見ると、月～金で5時と書いてあったので、ひとまず応募してみました。

成田　それが、コプロの募集広告だったんですね。

古川　そうです。コプロの東京の支店長から電話がかかってきて、「面接に来ませんか」と言われ、私は「施工管理が何かわからないのですが、バツイチで小さい子どもがいて……」と話したところ、「まずはご来社ください。ご相談に乗ります」と言ってくださったので、安心して面接に行きました。

「施工管理で現場に出る前に、その志事を知るために、まず現場の事務員として1年間勤務してみるのもいいと思います」とアドバイスを受けました。事務志事であれば、子どもが急に具合が悪くなったときも休むことが可能だと判断し、「お願いいたします」と答えてコプロに入社が決まりました。

成田　CADの講習は受けたのですか。

古川　現場に入る前、名古屋で1日、CADの研修があるとのことで、受講しました。やさしい女性講師が教えてくださいました。ただ、1回ではできることは限られます。ぜひマスターして使いこなせるようになりたいという思いとともに帰途につきました。派遣先は埼玉県内で、今の現場と同じ設備会社でした。1年経ち、任期が切れる際、設備会社の下請け会社に誘われ、入社しました。

成田　コプロを辞めたのですか。

古川　辞めました。実は今、コプロにいるのは2度目の入社です。その下請け会社は自宅から近く、給料も相応にいただけました。しかし、子どもが熱を出したら「休んでいいよ」と言われながらも、いい顔はされず、土日も電話がかかってきて志事の指示を受けることが頻繁にありました。それに、CADに没頭し始めていたときでしたが総務経理の志事を与えられ、話が違うと思い、3か月で辞めました。

成田　そこでコプロに戻られたのですね。

古川　2018年の春に再びコプロに入社しました。LINEで「すみません、戻りたいです。勝手に抜けて申し訳ありません」と送ったところ、すぐに電話をいただいて、「いつから戻れますか？　早く来てください」と対応してくださいました。派遣先も以前の派遣先企業を希望し、コプロの営業担当者と、その会社の部長に、「もう一度、こちらで仕事させてください」とお願いし、受け入れていただきました。埼玉県内の現場で、物流センターの改修増築の工事でした。3か月で工事が終了し、次は同じく埼玉県内でスーパーの新設現場でした。それからまた県内を移動し、スパイス工場の増築の現場に行って、今の現場に移ってきました。その間、ＣＡＤに携わってきました。

成田　ＣＡＤは慣れましたか。

古川　設計図と竣工の図面は描けるようになりました。目指すところは施工図面です。これは現場に出ていないと描けません。例えば、配管と配管の間がどれくらい空いていれば、男の人の手が入って作業ができるのか。ネジが留められるか。穴をあけるときに機械が入るか。どれくらいあけるか。これを現場に出た知識から図面に反映させるのがＣＡＤオペレーターの志事です。まだ私はそこまでできないのですが、一緒に働いている方たちが、これなら古川さんができるだろうという範囲の志事を与えてくれます。

成田　いい方たちですね。工事会社の社員の方々ですか。

古川　はい、工事会社の社員さんと他社の派遣の現場監督さんなど、みなさんとてもいい仲間です。

●シングルマザーの仕事スタイル

成田　ＣＡＤの仕事が順調に進む中、子育てに関してはどんな様子でしたか。

古川　１歳から３歳までは保育園からの呼び出しは頻繁にありました。呼び出されると、「おばあちゃんじゃなくてママがいい」と言うので、私が迎えに行き、病院に連れていきました。かつては週に１回、職場に「ごめんなさい」と言って帰りました。今はほぼ月に１回です。朝、「今日、出勤できません」ということも「途中で抜けます」ということもあります。

成田　職場の理解はどうですか。

古川　現場に入るとき、あらかじめ所長に、「バツイチです。実家暮らしです。子どもが熱を出したらすぐに帰ります。子どもが最優先です。ご理解いただき、志事を与えてください」と伝えます。保育参観日もお休みをいただきます。新しい現場に入るとき、所長が変わるときは、必ず伝えることは、一貫して続けています。

成田　コプロの営業担当からも派遣先の統括部長に言ってくれているでしょう。
古川　そう思います。そのかわりといいますか、その日にやるべき志事はその日のうちに完了させるようにしています。できる仕事が広がってきたので、残業は増えました。時期によりますが8時、9時になることもあります。
成田　頼りにされているということですね。
古川　とても幸せなことです。残業がなければ、保育園のお迎えは6時までなので、定時である5時には現場を飛び出します。

●やりがいに繋がるきっかけをもらった

成田　5年後、10年後について、考えることはありますか。
古川　はい、子どもの教育費もどんどんかかってきますので、3年後くらいには現場に出て、10年後にはしっかり施工図が描けるようになることを目指しています。
派遣先から正社員にならないかとも言われています。ただ、支店に入ると、工事現場から離れてしまい図面が引けなくなるので、社員になろうとは考えていないことを伝えています。今、私は派遣先に、各支店が抱えている現場を回って書類作成をする事務担当者を置くといいですよと持ちかけています。事実、安全書類などの書類を整えるのに現場は忙しくしているので、実施に向けて動き始めました。

成田　積極的に提案をしているのですね。

古川　実は、忙しい状況のしわ寄せが私にきていて、別の現場の安全書類を作成することを依頼されている現状から発案しました。

成田　ＣＡＤを始めて現場の作業について理解ができていなければきちんとしたＣＡＤの仕事ができないことを認識し、さらに事務所運営のあり方にも考えが及んできたという印象を持ちました。

古川　派遣で必要な人間になれると思いますし、さらに独立も視野に入れています。施工管理という言葉も知らなかった私ですが、コプロに入社してＣＡＤができるようになり、10年後、独立を考えられるほどに世界が広がりました。そういうフォローアップもコプロがしてくれていたと思います。これで子どもをしっかり育てていくことができ、きっと安泰です。

成田　ＣＡＤの研修は、名古屋以降も受講したのですか。

古川　行くことは行きましたが、子どもが熱を出して午前中で帰ってしまいました。でも現場で、みなさんが教えてくださっています。

成田　今、ＣＡＤにやりがいをもって仕事に臨んでいる古川さんですが、最初は事務で入りました。

古川　現場の事務員は安全書類作成ができればいいのですが、それだけでは時間を持て余すことがあります。そこで私も図面を引けるようになりたいという思いがあって、ＣＡＤを始めたのです。

成田　スキルがついてくると、より必要な人材になることができます。

古川　必要とされないのは嫌ですし、志事がなくてただ座って給料をいただくのはつまらない。コプロには、お金もですが、それ以上にやりがいに繋がるきっかけをもらいました。何も知らないのによく採用してくれたというのが正直な気持ちです。

成田　人生は出会いで変わりますね。

古川　ここまで打ち込める志事に出会うとは思いませんでした。職場の環境、志事のチームがとてもよくて、２度目の入社でも派遣先に恵まれました。今はいくらでも働きたく、楽しくて仕方ありません。

ここがポイント！

◉子ども最優先にした仕事のスタイルを確保

子どもが熱を出すなど職場を休むことへの受け入れ態勢を整えた会社とのマッチングを図る派遣会社を知り、子ども最優先の仕事スタイルを実現した。

◉仕事のやりがいを得ることができた

コプロの仕事からＣＡＤを知るきっかけを与えられ、ＣＡＤを通してプロとして仕事のやりがいをつかんだ。

◉独立を視野にこれからを描く

子どもの成長に伴う今後の教育費を考え、収入増のため、スキルアップ、さらに独立を見据えて将来を描けるようになった。

３－４ 技術を磨き、人生を大事にしたいから

2019年2月入社　図面作成　グエン　ヴィエットホイさん（ベトナム国籍）

ベトナム出身のグエンさんは今、都心の超高層マンションの現場に派遣され、CADオペレーターとして腕を磨いています。日本人の夜遅くまでの残業に目を丸くし、人間らしい生活が保てる仕事ができるとコプロを選んだわけを話してくださいました。

●日本でのチャレンジを目指す

成田　グエンさんが日本に来ようと思ったきっかけから教えていただけますか。

グエン　ベトナムの大学で建築を学び、２０１２年に23歳で卒業しました。最初は地元の民間の建築会社に入社しました。その会社の同僚たちが話していたのは、「日本で働けばいい給料がもらえる」ということでした。それを聞き、自分も日本で働きたいと思いました。加えて、近年、ベトナムの大気汚染が進行しており、日本のほうが環境もいいだろうとも思いました。

成田　それで日本語の勉強を始められたのですか。

グエン　はい、２０１４年から始めました。日本語は難しいです。日本語を勉強する前より勉強を始めてからのほうが、日本に行くことへの不安が大きくなりました。言葉がわからなくて、志事がきちんとできるのか心配でした。

成田　そして、ついに来日ですね。

グエン　２０１５年6月に日本に来ました。26歳でした。最初に入った会社は面接で、簡単な説明しかされませんでした。その結果、志事は金属関係で私の希望の建築とは違う志事でした。

成田　それで、建築の現場に行けるコプロにアクセスしていったわけですか。

グエン　コプロはネットで知りました。経験がなくても現場で学べるので、日本語にまだ自信のない私にとっては、いい会社だと思いました。それと、ＢＩＭ（Building Information Modeling）の研修があるのが魅力的でした。

成田　ＢＩＭですか。

グエン　ＣＡＤの高度なソフトです。以前から勉強したかったのですが、できるところがあまりなかったので、「ここだ！」と思いました。東京で面接した際に、現場の仕事についてわかりやすく説明していただきました。以前の会社は正社員で、今は派遣として工事現場で志事をしています。正社員と派遣とどちらが、自分が求めるものに対してよりよいかを考えました。また、現場の面白さと学べる可能性に魅力を感じ、コプロへの入社を決めました。

成田　２０１９年2月にコプロ入社ですね。最初の現場はどこですか。

グエン　神奈川県の海老名市です。倉庫の建築現場でした。与えられた志事は難しくはなかったのですが、現場にはいろいろな人たちがいて、わかるようになるまでは戸惑いました。

成田　大変だったのは、どんなことでしょう。
グエン　まず大変だったのは通勤時間が長かったことです。自宅は東京の葛飾区の青戸です。そこから海老名まで。朝6時に起きて、電車を乗り換え、2時間くらいかけ、9時に現場に入りました。最初の2か月は非常に疲れましたが、じきに慣れました。

●現場にいるコプロの先輩に、仕事、日本語の専門用語を教わって

成田　現場ではどんな仕事をしていますか。
グエン　CADで図面作成をしています。
成田　難しいですか。
グエン　CADは前の会社でもやっていたので、それ自体は難しくはないです。大変なのは、現場の建築の技術と志事の仕方についてです。言葉がよくわからないので、頭の中で一つひとつ翻訳しながら、理解していきます。
成田　わからないときは誰かに聞くのですか。

グエン　上司に教えていただきます。派遣先の会社の現場監督の方です。
成田　現場にはコプロの技術社員は、グエンさんの他にもいらっしゃいますか？
グエン　女性の方が１人いらっしゃいます。一緒の志事をしていて、その方にも、わからないことがあると聞いて、教えていただいています。
成田　先輩ということですね。
グエン　そうです。技術社員の現場監督です。
成田　ＣＡＤは、機械が操作できるだけではだめで、現場の工事について正しく理解できていなければ、その情報を図面に反映させることができないということですね。
グエン　理解できていないと図面が収まりません。
成田　ところで、現場には他の派遣会社から来ている人たちもいると思います。そういう会社とコプロの違いを感じることはありますか。
グエン　コプロは、私を担当している方が１か月に１回、面談に来てくれます。「今の志事は、やりたい志事ですか？」「他のところに行きたい気持ちはありますか？」と、いろいろなことを話します。他の派遣の会社は、そういうのはないと思います。だから、コプロはいい会社だと思います。

成田　では、技術的なトレーニングを受けるチャンスはありますか。

グエン　ＢＩＭの勉強をしたいです。でも、忙しくて、なかなか行けません。

●家族を大切にできる仕事を選びたい

成田　日本にはベトナムの友人もたくさんいるでしょう。

グエン　ベトナムの同じ大学の友人がいます。建築を勉強して日本で志事をしています。

成田　みんなで集まって、ご飯を食べることもありますか。

グエン　ときどきあります。建築だから、みんな残業が多く忙しいです。毎日夜11時ぐらいに家に帰ります。

成田　グエンさん、日本ではお一人ですか、ご家族がいらっしゃいますか。

グエン　妻がいます。ベトナム人です。お腹の中に赤ちゃんがいます。

成田　それはおめでとうございます。これからも日本で暮らしていく予定ですか。

グエン　そのつもりです。

成田　私は派遣の仕事をしている人にいろいろと取材をしています。その中には、現場で仕事を覚えて、その後は独立したいという人もいます。また、派遣先の会社、例えば、ゼネコンに誘われて、そこの社員になろうかと考える人もいます。グエンさんは、どうですか。

グエン　技術者にはなりたいです。でも、正社員は責任が重くて、家族の時間がなくなります。私の派遣先の現場監督は、だいたい夜10時ぐらいまで現場にいます。私は仕事よりも家族が大事です。

成田　大きな工事にはゼネコンの社員ではない派遣の技術者も、いくらでも携わることができますからね。優秀であれば、ゼネコンの社員の指導役にもなります。遜色ないでしょう。奥様もお仕事をしていますか。

グエン　しています。建設会社で働いています。積算の仕事です。

成田　積算も日本語がなかなか大変だと思います。

グエン　妻は、日本によくなじんでいるのであまり苦労しているように見えません。

成田　ベトナムのご両親は、日本に遊びに来たりはしないのですか。

グエン　子どもが生まれたら、来る予定です。

成田　ベトナムの後輩たちに、就職することについて、アドバイスはありますか。

グエン　後輩は建築を学んでいるので建築の仕事の会社に入ると思います。入るなら、ゼネコンよりも派遣の会社を勧めます。ベトナム人はそんなに忙しい志事はしたくないです。人生は大事だから。

成田　いずれはベトナムに戻ることは計画していますか。

グエン　そうですね。日本で覚えた技術で、志事をしたいと考えています。

成田　会社をつくる考えはありますか。

グエン　あります。10年後か、15年後か、会社をつくりたいです。

成田　ぜひ日本でたくさん技術を身につけて成功させてください。応援しています。

ここがポイント！

◉希望だった最新技術をマスターできる

ＣＡＤの最新技術であるＢＩＭを、仕事をしながら習得できる職場を探し、見つけることができた。

◉自分の暮らしを大切にする

長時間の残業が当たり前の仕事の仕方でなく、家族との暮らしを大切にできる仕事をしたく、派遣というスタイルを選んで、それが叶えられる。

◉母国で会社を始める

ＢＩＭなど日本で身につけた技術やビジネススキルをもとに、いずれベトナムに戻り、会社を興す構想を持っている。

3—5 もう一度CADの仕事をしたい、そのとき選択したのがコプロだった

2018年10月入社　事務・CAD　山根　愛さん

山根さんの1日は、大田市場に勤める夫と中学生の長女の朝食、お弁当をつくるため4時50分に起きるところから始まります。末っ子を保育園にお迎えに行くのは帰りの早いお父さん。建設会社の営業所の書類・伝票処理で忙しい山根さんは、かつてのCAD経験をもう一度活かせるチャンスを窺《うかが》っています。

●3人の子育てを第一に仕事をする

成田　山根さんは3人のお子さんを子育て中とのことですね。それ以前の仕事を教え

ていただけますか。

山根　ＣＡＤオペレーターをやっていました。初めての客先への常駐は設計事務所だったので、そこで図面の見方や操作を教わりながら、実務を通して覚えました。常駐先企業では、火力発電所の制御プラントリプレースの電気回路図の技術者補助業務を行ないました。所属会社に戻れば、主にガス配管図面を引く志事をしました。戸建てやマンション建設に伴う配管図を描くことが主な仕事で、時には本支管からガス使用箇所までの口径計算をしながら配管図を描いたりもしました。その他にも床暖房の設置設計、埋設管調査図面、学校等の耐震補強工事の配管図等、設計者が描いたものを図面におこしたり、設計変更で描き直す等の作業をしていました。当時、ＣＡＤオペレーターとして気を遣っていたことは、担当者に合わせた納期と正確さです。さらに、いかに見やすく担当者のクセに合わせてあげられるか等、細やかな配慮も必要だと感じ、志事をしていました。

成田　奥深い仕事ですね。第一線で活躍されてきたＣＡＤオペレーターの山根さんに転機が訪れたのは、ご出産ですね。

山根　２００６年のことです。当時のＣＡＤオペレーターとしての志事は、締切が近づいてくると残業や休日出勤が非常に多かったので、育児休暇明けからは一般事務に切り替えてもらいました。２人目、３人目をもうけ、その間も子どもに合わせたスタイルで志事をしてきました。

成田　お子さんが熱を出して休むこともあったでしょう。

山根　ありましたよ。近くに両親もいないので、よく志事を休みました。感染症に罹れば、指定日経過後に病院からの許可証をもらわないと登園できません。熱が下がって元気でも、休まないといけないのです。また、長男は1歳のときに、喘息とアトピーの診断を受け、未就学児の間に、年２～3回の入退院を繰り返していました。

成田　子育てを始めてからかれこれ14年ほどでしょうか。

山根　末っ子が春に小学校に上がるので、送り迎えもなくなります。そろそろ手がからなくなったなあと思ったとき、ふと、「もう一度、ＣＡＤの志事がしたい」と頭に浮かびました。ずっとＣＡＤオペレーター復帰は無理だと、心にしまい込んでいた気持ちが湧いてきた瞬間でした。「この年齢で転職、どうしよう？」と思いながらも、何気なく求人サイトを眺めていてコプロの求人が目に入りました。一般事務もあるけれどＣＡＤという選択肢もある、という求人でした。さっそく話を聞きたいと思ってコプロに連絡を取りました。２０１８年10月のことです。

●ＣＡＤオペレーターに向けて、ただ今リハビリ中

成田　コプロに入社するにあたって、山根さんはどういうことを伝え、コプロからはどういう話がありましたか。

山根　こんなことを聞かれました。「コプロで働くにあたって求めることは何ですか」「どういうことがしたいとかありますか」「どういう条件の会社を探してほしいという希望などあれば、何でも言ってください」と。

成田　ＣＡＤの話はしましたか。

山根　当時はＣＡＤから離れて時間が経っており、自信がなかったので言い出しませんでした。しかし、面談の最初の「スキルシート」にＣＡＤの欄があり、悩んでいた

ところ、面接官の方から、「CAD経験はありますか」と聞かれ、これまでの経緯をお話ししました。「全くできないわけではないじゃないですか」と言っていただきましたが、「CADは、可能ならば将来やりたいけれど、10年近く離れていたので、自信はないです」とお伝えしました。そして、派遣先の希望については「子どもがいるので、発熱、急病になったとき、休みがとりにくい企業だと少し気が重いです」と伝えました。

成田 それに対して、コプロの採用担当は何と言いましたか。

山根 「お子さんのことについては、それは当たり前のことです。ダメなところは紹介しません。安心してください」と言っていただき、安心してコプロに決めました。

成田 派遣先で、どういう仕事をしていったのですか。

山根 土木の現場事務所ではCADを手伝うこともありましたが、事務が中心です。CADから長く離れていたので不安があり、コプロのトラスト部門の方に勧められ、社内CAD講習を受けました。「ブランクがあるので、他の講習者に迷惑をかけないか」と不安ばかりの私に、「やってみましょう」と講師の方が背中を押してくれました。

初心者向けの内容で、講習が進むにつれて昔の感触が少しずつ戻った気がしました。最初は、どきどきしていましたが、懐かしさを感じ始めてからは、自然と手が動くようになりました。講師の方の教え方がわかりやすく、自信に繋がりました。現状では、他の現場に出ている技術者の方に比べ、全然といっていいほどＣＡＤの志事はしていませんが、忘れないよう空いた時間に練習をしていて、リハビリ中という気持ちです。

成田　今はどんな仕事をしていますか。

山根　建設会社の東京営業所が派遣先です。営業所管内は、海・河川・陸上の地盤改良工事や耐震補強工事などの土木工事を多く行なっています。私はそこで、本支店と営業所の繋ぎ役です。月次業務では営業所管内の各現場事務所から届く経理・総務人事関係の処理がメインとなり、締切が近くなると遅くまで残業することもあります。その他は契約書等の書類作成や図面整理、会議準備などの一般事務です。

ＣＡＤ業務については、現在はまだまだですが、現場から上がってくるＣＡＤ図面の修正を手伝っていく流れになりそうです。

成田　職場にトラスト部門の方が月に１回来ますか。

山根　はい、私の担当は若い女性です。「困ったことはありませんか。嫌なことがあったら、些細なことでも言ってください」「ＣＡＤの志事がしたいけれどなかなかできないというギャップは大丈夫ですか。それを不満に感じているということはないですか」と、心配してくれます。派遣会社には担当者訪問があることを知っていましたが、他社から派遣されている方に聞くと、「とりあえず来るけど相談しづらいから、何かあっても嫌なことも話はしないよ、面倒だもん」という声を聴きます。しかしコプロのトラスト課の方は、ぽろっと言った一言でもノートに細かく記載し、常に気にかけてくれています。とてもありがたいです。

成田　今のところ、困りごとや問題はないですか。

山根　不満は何もないです。

●人が代わりにできること、私／あなたにしかできないこと

成田　子育てしながら働きたい、上手に両立させたいという方たちへのアドバイスを

いただけますか。

山根　はい。かつては働くお母さんへの社会的理解が薄かったと思いますが、今は、定着してきていると思います。派遣先でも女性の現場監督は増えています。結婚をして子どもをもうけるタイミングについて、悩む女性は多いですよね。正直、私も悩むことがありました。しかし仕事の後任者はいくらでもいると思うのです。それははっきり言えます。

それと同時に子育てとの両立で復帰したいという気持ちがあれば、それをサポートしてくれる会社の企業努力があるので、そこは頼っていいと思います。子どもが熱を出して会社を休まなくてはいけない、保育園からの電話で早退しなければならない、これらを自分の負のポイントだとは思わないでほしいです。熱を出したら、「ごめんなさーい！」でいいのです。「しょうがない、すくすく成長している子どもなんだから」と開き直っていいと思います。私も一人目が小さい頃は、せっかく職場復帰したのに休んでばかりで迷惑をかけている、どうしよう、と欠勤ばかりの自分が悔しくてよく泣いていました。しかし自分が思うほど周りは悪く思っていないのです。仲間から「サポートに甘えて！」と言ってもらえたときに、それまで一人勝手に張り切っていた自分を恥ずかしく感じました。子育てと両立して志事をしているママは一人二役なのだから、もっと堂々としていていいと思います。

成田　仕事は人に代われるけれど、子どもとの時間はかけがえがない、人に代われないものですね。こうした相談を受けることがありますか。

山根　新婚さんと話す機会があり悩んでいましたね。そろそろ子どもをと考えている中、夫婦で働いていないと経済的に子どもが養えないんじゃないか、という心配よりも、待機児童問題と復帰する場所があるかの心配でした。「育児休暇で復帰しても、自分のポジションがなくなっているのではないか、という不安がある」と言われたとき、「それは考えなくていいことだよ。所属さえしていれば必ず配属はあるけれど、ただ、今と同じことをやりたいというのであれば、それは難しく、かなり制限されるかもしれない。でも、自分の可愛い子どもとの暮らしを想像してみて。その一歩を踏み出すには不安との闘いかもしれないけど、その不安を吹っ切るのも自分。旦那さんと話してみても決めるのは自分自身だよ。その自分の人生を志事のことで曖昧にしていたら、どんどんライフスタイルが崩れていっちゃうよ」と、話しました。時間が経てば経つほど、行動しにくくなりますよね。

私は、客先に常駐しているときに、最初の子の妊娠がわかりました。決意したことなのに、いざ妊娠していることがわかると、私もとても不安になりましたよ。「仕事に復帰したとき、私の居場所はあるかな」などとも思いました。しかし当時の会社のフォローは手厚かったですね。それに両親や会社の人たちに伝えたらすごく喜んでくれたことを覚えています。不安はすぐに消えましたね。それまでの不安は何だったんだろう？　という感じでした。

成田　まさに「案ずるより産むがやすし」でしょうか。お子さんの目には、働いているお母さんはどう映っているでしょうか。

山根　子どもは、志事をしているお母さんがかっこいいって言ってくれます。

成田　では、山根さんの生活スタイル、仕事の仕方のこれからはどうでしょう。

山根　コプロの営業担当者とトラスト部門のケア、フォローが厚いので何も心配はありません。このままの感じで働いていきたいと思っています。

ここがポイント！

◉3人の子育てをしながらできる仕事

子どもは発達段階によって体調などがそれぞれ違う。3人の子育てをしながら、安心して働ける職場を選ぶことが可能である。

◉CADオペレーターとしての復帰を図る

子育てを機に離れていた専門技術を取り戻す道へ、コプロが背中を押してくれた。

◉その時、その人にしかできないことができるように働くことができる

仕事をしながらの子育てや子どもをもうけることは不安がつきまとう。しかし、自分が大切にしたいことに自信を持って臨むのがよい。

3―6 コプロとともに15年、若手のよきアドバイザー

２００６年入社　施工管理（現場監督）新家《にいのみ》靖彦さん（ベテラン社員）

愛知県出身の新家さんは、コプロの設立とともに入社し、現在は愛知県内の製鉄所で現場監督を務めています。この現場ですでに11年。まもなく還暦を迎えるベテランです。若手の指導にもあたり、また、「やりかけた工事は中途半端にしたくない」という思いもあり、まだまだ現役を続けます。

●自分に合った仕事ができるから続けている

成田　コプロが創業された２００６年に入社されたとのことですね。入社までのご経

歴を聞かせていただけますか。

新家　建設業界に最初に入ったのは、大手ゼネコンの下請けの工務店に勤務したときのことです。型枠の仕事が中心でした。ビルなど建物を建てる際、コンクリートを流し込む箇所にあらかじめ枠をつくっておきます。それを型枠といいます。

成田　工務店では、現場監督をしていたのですか。

新家　そうです。ですが、体の具合を悪くしまして、退社しました。その後、同じく建設業界の志事を探した末に派遣会社に入社し、そこで社長をしていた代表の清川がコプロを作ったときにコプロへ転職しました。

成田　今は、どのような仕事内容ですか。

新家　製鉄所敷地内の建屋などを改修する志事に就いています。11年間、ここに通っています。派遣先は製鉄会社の子会社です。

成田　製鉄所で11年間といえば、鉄鋼メーカーの合併や再編で社名も変わったりしていますね。

新家　工事そのものは、変わらないですね。

成田　工務店勤務時代の働き方とコプロに入ってからとでは何か違いがありますか？

新家　工務店のときは、いつもの業者と仕事をしていました。しかし、派遣で行く場合、その都度で仕事をする相手が変わります。ですから、その付き合いが変わってくるくらいです。

成田　派遣会社で中途採用の方は、一般的に流動性がそれなりに高いですが、新家さんは、コプロにずっとおいでですね。

新家　特に他社に移ろうという気持ちは起こりません。

●プラントの改修工事を担う

成田　具体的にはどのような仕事をしているのでしょうか。

新家　今は主には熱延工場の修繕などをしています。既設の基礎を新設の基礎にする土木工事や、それに伴う配管の修理をするための掘削をしたり、新しい配管にしたら、そこを元に戻したりなどです。

成田　11年間もいらっしゃるとなると、製鉄所内のあちらもこちらも新家さんが手がけられたのでしょうね。仕事は月曜から金曜ですか？

新家　土曜日も現場に入ることもありますが、日曜日は休みます。

成田　残業が長い時間に及ぶことはないですか。

新家　大修繕や二交代でやらなければならない仕事があるときは、長めの残業になります。突貫工事になると、昼勤と夜勤とがあるので、その引継ぎなどがあります。通常は朝8時に入って、5時に終わって、7時くらいには出ます。

成田　苦しさを感じることはないですか。

新家　年相応には疲れは感じるようになりましたが、これまでのペースを保っています。

●現場に潜む危険を、若手、新人に指導

成田　現場監督の方は何人もいると思います。

新家　いますよ。一緒に志事をすることもあります。ベテランもいますが、若手も多いです。

成田　若手の方で新家さんへ教えを乞いに来ることがありますか。

新家　あります。具体的には、段取りや測量の仕方などを聞かれます。

成田　若手の方で、今までこの世界を全く知らなかった方もいますか。

新家　ある程度の知識がある方が入ってきます。全くわからない状態で入ってくることはありません。全く知らないで入られると、最初の頃は業務の遂行を難しく感じられると思いますが、一つひとつ覚えていけば若手の方でも大丈夫だと思います。ただ早めに知っておくべきことの一つは、作業の流れに応じて職人を上手に動かすことです。それが私たちの志事ですから。しかし最も重要なことは安全への意識をきちんと持つことです。構内は安全第一が基本です。人も車両も機材も構内にはたくさん出入りしています。なによりも二十四時間稼働している製鉄所ですから、あちこちで作業が進行しています。〝何が危険なのか〟まず、それを教えてあげることが必要です。それぞれの場面、都度、「○○というルールがあるけれど、それは以前、△△の事故があって、その防止策としてできたものです」と決まりごとの起源から話すと、よく理解してくれます。
ルールをただ鵜呑みにし、覚えるだけではなく、なぜそうなっているのか。どこにどのような危険が隠れているのか。それを把握し、作業全体を見渡して職人に指示を出すことが、大切な志事です。

成田　新家さんの経験の積み重ねの中から教えていらっしゃるのですね。では若い現場監督は、どのような点に気をつけるとよりよい成長がありますか。

新家　若手が成長するには、まずは危険を取り巻いている周辺の状況をわかっていることが大事でしょうね。〝なぜ、ダメなのか〟〝どうすれば安全が確保できるのか〟をわかっていると正しい手順で取り組みやすいです。言われるがままでは、〝なぜ〟がわかっていないことになり、職人に適切な指示ができません。
次には自分で計画して実行していくことができるようになるといいですね。すぐにできることではありませんが、まずは意識することが大切です。「最初に○○をやらないと次の××の作業ができない」といった手順を意識することは、先輩や職人と話をし、様々なパターンを聞きながら、意識の仕方含め、一つひとつ学んでいくと良いです。

成田　段取りが身についてくると、新しい現場に行っても、大体のことは見通せるようになるということですね。

新家　ただ、製鉄所の場合はちょっと特殊な状況にあるので、より段取りが大事になってきます。それは他の現場とは違って、操業している中で作業を進めないといけないからです。何もない場所でモノを建てることとは違いますので、事前打ち合わせが大事です。「この場所はこの期間しか入れない」「これが動かないと作業はできない」などといったことを確認します。計画的に機械を止めて点検・修理をする、定期修繕のタイミングを使って作業をすることもあります。その場合、時間的な猶予はおよそ12時間です。それ以外のタイミングとなると、大修繕の際で、こちらの場合には約１か月の作業期間があります。大修繕では、土木や機械の工事が予定され、これらの作業が遅れることは許されません。そのため、大修繕のタイミングで私たちが修繕工事を実施する場合は、その機会に行なわれる他の工事担当者とも事前打ち合わせをし、段取りをきちんと決めます。多いときは1日約30人の職人が作業をします。彼らをうまく動かさないといけませんから、現場監督もチームを組んで行なっていきます。

成田　長く同じところで仕事をしていて、知識も深ければ、派遣先からスカウトされるでしょう。

新家　派遣先からは「うちに来ないか」と、これまで何度も言われてきました。製鉄会社の子会社ですから、北は北海道、南は九州まで、全国の製鉄所に拠点があります。私は、住み慣れた愛知から出て行くつもりはなく、転勤、異動は避けたい思いがあり、都度断ってきました。おかげさまで建設業界にいながら、ずっと地元で家族と一緒に暮らしてこられました。これもコプロの技術社員になったおかげですね。

成田　今、59歳でいらっしゃいますね。

新家　来年には還暦を迎えますが志事が好きですし、まだ働くつもりです。やりたいだけ続けられるのも、コプロの技術社員のいい点ですね。やりかけた志事を途中で放棄せず、完成までやり抜きたい気持ちも強いですから、ありがたいです。

成田　元気で現場監督を続けて、若手のよきアドバイザーとしてもご活躍ください。

ここがポイント！

◉転勤しなくてよい仕事

会社勤めをした後、派遣の技術社員となり、転勤の心配をしなくてもよくなった。

◉長く勤められる仕事

自分に合った仕事、職場で働ける。信頼に応える仕事をすることで、長く続けられる。

◉若手育成に貢献ができる

現場には思わぬ危険が潜んでいるが、不慣れな若手に、危険箇所と注意が必要な理由を教えることで、役に立つことができる。

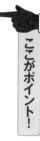

第4章

ルポ　安全大会

「コプロ・コンベンション札幌大会」を訪ねて

コプロでは、「コプロ・コンベンション」と名付けた年1回の安全大会を全国10か所（2019年度実績）で開催しています。その目的は、労働災害ゼロ、安全衛生環境の確立とともに、コプロの経営方針を技術社員と共有することにあります。私、清川にとって全国の最前線で活躍する技術社員と直接触れ合い、懇親する大切な機会です。札幌での大会を成田さんに取材していただきました。

●支店の集いながらも、クライアント企業も出席

2019年10月18日、金曜日。札幌駅から時計台方向に徒歩約5分と聞き、会場に向かいました。街の信号機は東京や名古屋とは違って、縦に赤・黄・青。歩行者はスクランブル式に横断する。そんな風景に、ああ札幌だ、と感じながら、目指すビルに到着しました。

2階に上がり、コプロ・コンベンション札幌大会の会場へ向かいます。会場前にはすでに受付が設けられ、札幌支店の社員、本社からの社員の方たちが迎えてくださいい

ました。

中に入ると、開会前の準備にやや緊張気味の若手、来賓と談笑するベテラン社員の様子が窺《うかが》えます。すでに70人ほどが着席しています。私は全体が見渡せる後方の席をとりました。

室内をくるりと見回すと、先日、トラスト課などについて取材したコンプライアンス部の森尻部長の姿が目に入りました。部下と思しき方とやりとりする合間を見計らい、サッと近づき、私は、取り急ぎ、質問をしました。

成田　本日は技術社員の方たちに集まっていただいているのですね。ところで、金曜日で現場も動いていると思います。それでも、みなさん、集まることができるのですね。

森尻　たしかに、もちろん今日も現場はどこも動いています。しかし、当社から派遣先のゼネコンはじめ工事業者に、「安全大会をしますので技術社員を来られるようにお願いできますか」とお伝えしています。それにご了解いただいた現場の技術社員が参加をしています。

全員の参加は難しいとしても、一人でも多く参加できることを目指すとのことです。

会場には、派遣先の企業からも5～6人の参加があります。派遣会社の社内の支店の集まりともいえる場に、これだけの数のクライアント企業が駆けつけたことに、地域におけるコプロのグリップ力を感じます。

午後2時になりました。開会です。

コプロ・コンベンション
札幌大会

アジェンダ

- 代表取締役社長挨拶
- 来賓ご挨拶
  （労働局、所轄労働基準監督署、メインクライアント企業）
- 「がん」を正しく知ろう
  （保健師）
- 安全衛生重点取組事項
- ハラスメント／
  情報漏えい防止研修
- 社内コミュニケーションツール
  紹介
- 技術社員
  安全衛生活動発表
- 技術社員　表彰（功労賞他）
- 閉会挨拶
- 技術社員慰労会（交流会）

●「技術社員の給料はグンと上がります！」

〝開会の辞　札幌支店長〟とプログラムにあります。清川社長くらいの年恰好の支店長を想像していました。演台に歩み寄って行ったのは、とても若い方です。

私が歩んできた採用支援業界も社員から経営陣まで若い場合が多いのですが、それはベンチャー企業が多いゆえともいえるでしょう。一方、建設業界は歴史も長く、全般にベテランの方が多い世界です。ですが、そこに人材を派遣する企業の方たちは、若い世代がリーダーシップを持って牽引している。このことをあらためて目の当たりにしました。ここに業界の大きな可能性を感じます。事実、清川社長は若手の登用を積極的に進めています。入社2～3年で支店長となることもコプロでは珍しくないと聞いていましたが、それを実感したというところです。

そんなことを考えていると、清川社長が登壇し、代表挨拶が始まりました。

最初に技術社員へ社長として謝辞を述べ、続いて派遣先の現場で就業中に発生した労働災害について、近年の特徴として熱中症が2割近くに上っていること、年齢別発生件数では約3割が20代であることが紹介されました。そして、安全スローガン3モットーとして「1、常に『危険』を意識する　2、常に『安全』を意識する　3、常に『身だしなみ』を意識する」を掲げるとともに、「働き方改革」として時間外労働削減の推進を強調しました。それは勤怠管理システム「e-navi」を活用し、リアルタイムに技術社員の労働時間管理を行なうことによって、月中での時間外労働の予測を立て、適切に軽減対策を実施するというものです。

続けて、2020年4月から、国の制度として「同一労働同一賃金」が本格実施となることに言及しました。長年の社会的問題であった、派遣先の社員と派遣元の社員との給与の乖離《かいり》を改善する施策の一つとして厚生労働省が2年に1度、職種ごとの時給単価を公表します。派遣元の社員の給与が、それを下回ることは許されなくなります。

清川社長は、

「今、皆さま約2000名の技術社員のお給料を時給に変換し、シミュレーションをしています。給与体系は、年明けからご説明申し上げます。全体的に見ますと、皆さまのお給料、待遇は2020年4月からグンと上がるとご認識いただければと思います」

と明言しました。

加えて、この「同一労働同一賃金」の実施は、コプロにとって大きなチャンスであると述べ、派遣先と値上げ交渉をして、売上アップに繋げたいと自信を示しました。

●ゼネコンからのゲスト講師の講話、労災発生内容の検証、技術社員の発表

続いて、ゲスト講師である、大成建設株式会社札幌支店の安全・環境部、安全環境管理室専任部長代理が登壇しました。不安全行動撲滅、職長が果たすべき事業者責任などの講話です。

「現場の災害の70%は不安全行動によるもの」であるから、職人のそうした行動を見つけたら、ためらわずに注意すること。職長は、労働安全衛生法に書かれた事業者＝社長の代理であるから、その意識を持って安全確保に努めなければならないこと、な

どを会場の技術社員に訴えかけました。

用意された動画も使用し、作業台の安全な使用方法、危険な作業の例などがわかりやすく示されました。

次は、森尻部長による、労働災害発生内容の検証についての報告です。就業中の業務労災、通勤中・退勤中の労働災害が詳細な資料とともに検証されました。

さらに健康管理について、最近、病気をされたというご自身の経験も重ねて語りかけていきました。「他人事と思わず、自分のこととして考えてください」と技術社員をはじめ参加者の方々に深く訴えるものとなったでしょう。さらに、会社がインフルエンザ予防策として補助を出すことを周知しました。

後日、私が清川社長に、この補助の件を話したところ、「来年は全額を会社が出します」とのことでした。このような手厚い策が速やかに更新されていくことに感心しきりです。

大会プログラムは、コプロの技術社員による現場活動発表に進みます。テーマは「現場コミュニケーション」です。その取り組みでは、工事の作業ごとに災害事例が示されています。自分たちの作業に潜む危険性、そしてそれに対処するための備えを皆で話し合い、それを協力会社の社員、所長、職人で実行する。そして所長と自主点検パトロールを実施する、というものです。

安全を徹底する意識の高さに、またもや感心しきりです。

また、打ち合わせに来られない職人のために、議事録をもとに作業計画書を作成して、共有することを確実に実行する。さらには他の作業者にも説明ができるようにする、といった配慮も現場コミュニケーションとして報告されました。

●社長から大きな経営判断、一方、疑問を投じる技術社員も

私が会場に入ったときに気づいたのですが、技術社員の机の上に箱が置かれていました。その箱についての説明が始まったのですが、この内容に正直に言って、かなり

驚きました。

「みなさん、箱を開けていただけますか」

担当の社員に促され、技術社員が開けると、中にスマートフォンが入っています。1人に1台、全員に貸与されたのです。清川社長はこう語りかけました。

「我々経営陣の中で、これは大きな大きな経営判断の一つでした。ですが、今後のことをじっくりと考えた結果、IT端末の導入に踏み切ったのです。これはコストが膨大にかかる施策です。技術社員の総数はおよそ2000人です。その方々に100％IT端末を導入していくという大きな決断をしたということをご理解いただきたいです」

その狙いについて、さらに語ります。

「向こう3年間で1か月の時間外の残業を80時間に減らしていく考えです。2連月平均で80時間以上にならないようにコントロールすることを一企業人として、しっかり向き合っていかなければならない時代なのです。そのための便利なアプリとして〝e-navi〟の活用を決めました。e-naviもこのスマホで使用できますし、e-naviの運営徹底を図るため、ＩＴ端末を全員が持つことが欠かせません。

さらに、会社との繋がりを強めていくこと、給与明細をウェブ展開していくこと、などといった活用法に加え、今後は5Ｇ、ＡＩ、ＩｏＴの活用。さらにＩｏＨ（Internet of Human）などが進む中、ＩＴ機器を活用してさらに生産性を高めていかなければならないと考えています。

また、日本は災害大国であることを私たちは近年とくに痛感しています。社員の安否確認や現場の状況確認でも活躍してくれることを想定し、スマホ導入を決めたのです」

担当の若手社員が、端末の取り扱いについて説明し、「何か質問はありますか？」と会場に問いかけました。何もないかなと思われたその時、手が挙がりました。あるベテランの技術社員の方です。

「私の場合、派遣先の企業から貸与されている携帯電話があります。プライベートの電話もあります。さらにこのスマホでは、仕事中3台持ち歩かないといけなくなります。持ち歩かないで現場のどこかにおいておけば、盗難を心配しないといけない。私にとってリスクでしかありません」

担当の社員は、「会社からの付与ですので、持っていただけたらと思います。携帯が3台ということですが、今後、派遣先の端末を使わないことになり、2台になると思います」

と答えますが、質問者は納得がいかない様子です。

清川社長は、このやりとりを受け、再び登壇した際、このように補足しました。

「人財派遣というビジネスは、100現場あれば、100のやり方、環境、企業文化があります。60代、70代で活躍いただいている技術者の中にはガラケーを使用されている方もいらっしゃるでしょうし、携帯をお持ちでない方もいます。私たちはこういう方々にもしっかり耳を傾けてきました。『スマートフォンなんか使ったこともないのに、どういうふうにやるんだ。今まで通り勤怠管理などは紙に記入してやらせてくれ』といった声もあることも承知しています。

しかしながら、これまで電話で連絡していたものを、LINE WORKSを活用することで、会話が議事録のようになり、言った言わない、聞いた聞いていないといったトラブルはなくすことができます。ＩＴ端末が３つもあって荷物になる。３つ持つのはリスクだ。というご意見も十二分に承知しております。それでも全社員に普及させてさらに生産性を高めていく。こういう判断をしています」

また、社内コミュニケーションのアプリとして、感謝を伝え合うＴＨＡＮＫＳ ＧＩＦＴ、社内報ツールのＢＥＳＴ ＴＥＡＭの導入とともに、端末の利用促進策が説明されました。

「今後、コプロの福利厚生としての社内通貨アプリを２０２０年4月にリリースします。また勤続年数に応じた倍率を設定し、ポイントがたまるような仕組みを考えています。また、技術者をご紹介いただくとインセンティブの代わりにポイントを付与する仕組みもあります。このポイントは、Ａｍａｚｏｎと提携することで様々な商品に換えることができるようにいたします。また今後も交換バリエーションを増やしていく予定です。いかがでしょうか、おそらく技術社員の皆さまも使い始めれば便利さを感じていただけるかと思います」

こうしたやりとりを経て、コンベンションは夕方5時に終了しました。会場を移し、交流会となりました。

●安全大会からコプロ・コンベンションへ

コプロが安全大会を始めたのは2015年です。2006年にコプロが創業して10年目のことでした。第1回は仙台支店で、同年度内に7か所で開催されています。その後、成長とともに拠点を拡げる中、2018年には横浜、東京、大宮、大阪、名古屋、広島、福岡、仙台、金沢、札幌の10か所に増えています。

コンベンションとは、人が集う場であり、知見を共有する機会です。技術社員キャリア開発部の松岡部長によれば、コプロ・コンベンションは、ベテラン技術社員に話しかけるチャンスであり、例えば、ベテランの多くが苦手意識を持つCADの活用を誘いかけることもあると話してくれました。交流会の時間をうまく使っているのかもしれません。

先ほどの質問者が、その後どのように端末を扱っているのかは窺い知ることはできませんが、少なくとも今回のコンベンションは、経営者と技術社員が意見を伝え合う機会になり、いかに清川社長が技術社員のことを考えているのかを直接聞くことができた貴重な会になったことに違いありません。

コプロは、技術社員との繋がりを様々なかたちで強めようとしています。一つは新生となったトラスト課の活動であり、携帯端末の導入であり、各種研修であり、コンベンションなのでしょう。私が思ったのは、研修講師たちが持っている〝人と人との心の壁〟を剥がしていくスキルを、コンベンションの場にも活かすことができれば、より共有、共感が図られるのではないかということです。

技術社員の功労賞の表彰もコンベンションで行なわれます。この日は、男性が３人、女性１人が前に出て、清川社長から賞状を授与されました。札幌支店が開設して12年になり、札幌支店の顔となる技術社員が増えているとのことです。そうした方たちが建設業界で、コプロの看板社員となっていく。それがコプロ・ブランドをつくりあげていくことでしょう。

この日、10月18日は、オリンピックのマラソン会場が札幌になるという衝撃のニュースが流れた直後でした。交流会はそんな話題で盛り上がっているのかもしれないと思いながら、札幌をあとにしました。

第5章

顧客であるゼネコンに直撃インタビュー

——なぜコプロをつかうのか？

派遣先から見るコプロの姿。これを読者のみなさんにお伝えしていくことで、この本のしめくくりとしたいと思います。コプロの技術社員を受け入れている派遣先企業である、大成建設株式会社の本社、株式会社竹中工務店の名古屋支店、株式会社大林組の東北支店を訪ねました。

5―1 果敢な提案力、きめ細やかな報告が信頼を築く

大成建設株式会社　建築総本部　プロジェクトマネジメント部　部長　小林淳至さん

●五輪需要の「嵐」を前に、全国展開の派遣会社に協力要請

成田　オリンピック・パラリンピックの開催地として東京が選ばれたのが２０１３年

9月でした。建設業は深刻な人手不足の中、どのように動いたのでしょう。

小林　オリンピック・パラリンピック需要をきっかけとした、やがて来る超繁忙期を私たちは嵐に例え、〝嵐の前の静けさ〟の2015年頃から全国規模の大手派遣各社に協力要請を、社長、役員から行ないました。その一つがコプロであり、今では約80人を派遣いただいています（2019年11月時点）。建築本部では全国各支店の工事消化量等を勘案して人事配置の調整を行なっています。

●現場監督という仕事

成田　とても基本的なことからお聞きしたいと存じます。そもそも現場監督とは何でしょうか。

小林　〝現場〟は生産・製造の場ですが、人がボタンを押せば機械が何かをつくる〝工場〟とは違います。人の手によってつくり出されるのが〝現場〟です。ですから監督する対象となるのは、生産する〝人〟と生産される物です。最終的な生産物のチェックを行なうだけでなく、〝生産プロセスの管理〟が重要であり、現場監督の最重要業務です。つまり、管理・監督するのは一次的には人であるということです。

今、工事現場はロボット化・ＩＣＴ化など、機械やツールが非常に発達してきていますが、現場監督が人を相手にする仕事であることに変わりはありません。人を動かし、目指す方向、求められる品質、計画した量、予定した時間に導くといったことが現場監督の仕事といえます。

成田　では、現場監督として求められる資質・能力とは何でしょうか。また〝困った監督〟、そして〝継続してほしい監督〟とはどのような方でしょうか。

小林　現場監督には、人、主に作業員と向き合い、対話し、意思を伝え合う力とテクニックと誠意が求められます。また、何をどのタイミングで求めなければならないかといった建築の専門的な知見が必要です。こうした業務ができない、もしくは資質・知見に欠けた人は〝困った監督〟です。そしてきちんと、もしくはそれ以上の成果をもってできる人が、ぜひ〝継続してほしい監督〟です。

なお、作業所の工事担当社員はすべて〝現場監督〟ですが、所長から工事係まで、もちろん一律な業務をしているわけではなく、それぞれに分担業務と責任範囲があります。今お話しした、作業場所で直接、作業員等と接するフィールドワークの部分と、計画や書類の作成、設計者・客先などとの打ち合わせ・折衝を行なうデスクワークがあります。経験や知見の深さによって、携わる領域の比率は違ってきます。このうち、派遣社員の方々はフィールドワークの比率が大きい傾向にあるといえるでしょう。

●派遣社員の現場でのポジション

成田　所長以下いくつものポジションがある中、派遣の現場監督は、どのポジションを担うのでしょうか。

小林　作業所の規模にもよりますが、細かく分ければ全責任を負う所長、その下に順番としては副所長、チームリーダー、工務長、工区長、現場監督というような構成になっています。派遣で来ていただいた方たちが必ずしも現場監督を担当するというわけではありません。資格や経験・知見に応じて、計画業務ができるとか、お客様との折衝もできるという方であれば、別のポジションに就くことも十二分にありますし、実際にそういう方がいらっしゃると聞いています。

成田　派遣社員が上司になるというような場合に対しての派遣先社員の抵抗感というのはないのでしょうか。

小林　本人の力量等に応じた適切な配置であれば、そのようなものはないと思います。

成田　きちんと仕事ができる人は、みんなわかって納得しているということでしょうか。

小林　できない人はその立場にはいられないですからね。

成田　現場の規模も様々ですね。

小林　小現場で、派遣の方がお客様と直接対応する機会が増えて、非常に懇意になり、あの人を呼んでくれとご指名いただくようなこともあります。お客様は、当社の社員でも派遣社員でも区別なく、全員が当社の社員だと思っていらっしゃいます。そういう意味でも当社の社員として振舞っていただかなければなりません。きちっと対応してくださりお客様の信頼を勝ち得た方は、非常にありがたい存在です。

成田　評価されれば、派遣社員本人も嬉しいですね。派遣であっても、現場に入るとその派遣先企業の社員のようなアイデンティティを持つ方が多い印象を受けます。

小林　ぜひそうなってほしいです。我々と同じ制服を着て、元請側として監督的立場で業務を行なってもらいますので、そうでなければ困るとさえ思っています。そういう方には、一つの現場が終わっても各支店単位で次の現場、その次の現場へと継続して来ていただきたいと思っています。

●トラスト部門は貴重な〝外からの目〟

成田　コプロからは派遣社員の相談係として月に1回、トラスト部門の方が現場にやって来ますね。

小林　派遣している社員のケアもあるでしょうし、当社や作業所に対して要望もあると思います。トラスト部門の方が現場にいらしてくださった結果としてコプロから定期的に報告書が出されます。本人同士ではなく会社を通じて言っていただけるのが非常にいいと思っています。パトロール等で現場に行っても、私たちは身内の目でしか見られないところがありますが、外から、ないしは他のゼネコンに派遣している会社の方から忌憚のない意見をいただくと、新たな気づきがあります。報告書や気づきは、全国の建築部長を集めた会議や建築本部内にフィードバックしています。

成田　〝外からの目〟は貴重ですね。

小林　当社の現場に派遣していただいている派遣会社の中でのコプロは、人数の規模では3番目に位置していますが、定期的に情報共有に来ていただける頻度は一番高いです。当社にみえるたびに、「こういう提案があります」「こういうことを始めました」とアピールできる施策を携え、前に攻める姿勢を感じます。若い経営陣、幹部の勢いが伝わってきます。そうした果敢な姿は他社以上に感じますね。

成田　コプロ・コンベンションという安全大会に御社も講話にいらっしゃっていますね。

小林　安全は最優先事項です。もちろん当社としても導入の研修やガイダンスでも基本の安全ルールは教えていますし、作業所ごとの安全ルールについても新規入場者教育としてきちんと教えなければなりません。

成田　安全以外の教育研修はいかがですか。

小林　派遣の方に対しても支店ごとに研修会、勉強会を行ない、即戦力として必要不可欠なものを教えます。業務に有効な資格を持っていれば、派遣社員の方たちも、もちろん優遇されます。

●1000億円規模の超大型現場の時代へ

成田　東京オリンピック・パラリンピック以降、業界はいかに推移するでしょうか。

小林　オリンピックが終わったとたんに減速するかというとそうではなく、現状維持もしくはそれ以上でしょう。現に1000億円を超えるような、超大型現場が増えています。これは東京に限ったことではありません。よって、中・小の現場の数は減っていますが全体の仕事の量としては以前より増えています。当然、現場監督も不足気味です。

成田　女性を積極的に採用することもあるでしょうか？

小林　女性も重要な戦力です。そのため女性専用の更衣室や化粧室を用意する、シャワールームを設置する、お手洗いに温水洗浄便座を設置する、などといった環境整備を進めています。

成田　女性だけではなく、職場全体の作業環境整備もされていますか？

小林　作業員の方々にも、例えば、一人ひとりにロッカーを与えるとか、暑い時に避難できるクーラー部屋を設置するとか、作業所規模に応じた〝作業場環境基準〟を定めて、「大成の現場に行くと気持ちいいぞ」と言われるようにしようと通知を出しています。

成田　外国の方も増えていますね。

小林　現在、当社の会長が一般社団法人日本建設業連合会（建設業界で最も大きな組合で、業界の様々なことを主導している）の会長をしています。当社は外国人の受け入れ、働き方改革推進を業界の先陣をきって行なうべき立場にあります。これからもコプロさんにはお世話になり、建設業界全体を盛り上げていくべく、協力していければばと思っています。

5－2　社員、他社からの派遣技術者を巻き込む教育力

株式会社竹中工務店　名古屋支店総務部人事グループ長　中野哲也さん

●現場の多様なニーズに対応できる厚い人材

成田　コプロとは、どのようなお付き合いですか。

中野　清川社長とは、コプロ・エンジニアードを2006年に設立される前の会社からのお付き合いで、一貫して技術社員を派遣していただいている、名古屋支店の良きパートナーです。私は現場で事務担当者として常駐していたので、一緒に仕事をし

てきた技術社員の方もいらっしゃいます。今では、コプロの名古屋第一支店と静岡、三河、豊橋などをカバーする第二支店とを合わせて、コプロからの派遣は14人です（2019年11月時点）。いずれも現場監督で、当社の中では東京に次ぐ派遣人数です。

成田　名古屋支店で取引をされている派遣会社の数はどのくらいですか。

中野　現場に入っているのは数十社です。全国展開の会社から小規模な会社まで様々で、当社の関連会社もあります。

成田　その中でどのような会社を積極的に活用したいとお考えですか。

中野　「こういう現場なので、こういう年代のこういう経験を持つ方を、いつから欲しい」。そういうニーズに見合った方を迅速に用意していただける会社はありがたいです。

マッチングは大事で、大きな現場から始めたほうがいい方もいますし、難しい改修工事を一通りお願いできる方もいらっしゃいます。改修工事の場合は、お客様が事務所を使いながらの改修工事もあり、「臭い」や「騒音」への対応も必要になります。ベテランの方でしたら、ある程度臨機応変にご自分で治めていただける、経験豊かな方だとありがたいです。

成田　やはりコミュニケーションが大事なのですね。引き続きこの方と仕事をしたいというお客様もいらっしゃるでしょうね。

中野　そういうことも、もちろんありますね。

成田　コプロの派遣社員の中には、コプロに入る前はスーパーゼネコンの社員だった方や、20代前半の若手、そして学校を出たての人がいますね。

中野　私もそのベテランの方を知っています。当社の若手社員からの人望もあり、指導していただくほどです。やはり現場というのは一つのチームですから、非常に助かっています。新卒の若手の派遣社員の方には、同じ派遣会社の先輩格の人たちに付いて勉強してもらうという組み合わせも良いシナジーを生むと考えています。

成田　引っ張りだこになる派遣社員の方もいるでしょう。

中野　ええ、例えば、ある現場所長が「私の担当現場がしばらく空くから、その間に別の現場に行くのは仕方ないが、次に私の仕事が始まったらこの派遣社員を返してほしい」と言われ、「次の物件が終わったら所長の現場に戻ってもらいましょう」とこちらが調整するケースは多いですね。

成田　それほど信頼が厚い派遣社員の方もいらっしゃるのですね。

●トラスト部門のフォロー、双方によるメンテナンス

成田　豊富な人材を揃えていても、ミスマッチはどうしてもある確率で起こりますよね。

中野　ミスマッチはどうしても起こってしまいます。これは派遣会社だけの責任ではないのですが、できる限りミスマッチが起こらないよう見極めていただいて、ご紹介いただくことを期待します。例えば、コンクリートを流し込む作業しかしたことがない人に、唐突に建物の仕上げ工事をやってくださいと指示しても難しいでしょう。私どもの社員であれば、未経験の仕事を少しずつ指導しながら育てていきますが、即戦力としてお願いしたい方については、ニーズを捉えて、適材を紹介していただける派遣会社がありがたいですね。

成田　ミスマッチは早期発見で早期修復も可能ではないでしょうか。コプロは、フォロー担当としてトラスト部門が月１回訪問し、現場所長との三者面談をしていますね。工事の技術的なことは変えられなくても、第三者が入ることで指示の仕方や報連相などで修復できるかもしれません。

中野　派遣会社の方でフォローをしていただいて、すれ違いや行き違いなどの原因を共有し、お互い改めるべき点があれば当方としても指導をします。状況をヒアリングしてフォローしていただける会社は本当にありがたいです。

●教育の必要性と、採用時の重要性

成田　業界で、未経験者、新卒が増えてきていると思います。この派遣会社は、未経験者を送ってきても安心だけれど、この会社は不安だということがあるのではないでしょうか。

中野　採用の時点でしっかり見極めているかということと、ある程度教育して派遣されていると安心ですね。派遣先と派遣元とでその人たちを育てて、現場での成長と、その成長のための周りのフォローが、これからますます重要になってきます。私自身が文系出身なのでわかるのですが、未経験者や新卒が現場に来てすぐに仕事ができるとはとても思えない。私自身も、請求書を見てもわからないことが多く、「これは何ですか?」と一つひとつ聞きながら覚えてきました。教育は派遣先・派遣元、双方で重要な要素です。派遣元で丁寧な教育をしていただけるとその後もスムーズになりますので、社員教育が手厚い会社とお付き合いさせていただきたいと思いますね。

成田　派遣社員は有期雇用ということで、あまり先を見越した教育への投資はできないというところはあるかと思います。

中野　それはありますが、来ていただく以上は長く活躍してほしいですし、一つの現場が終わったら、もうワンステップ、次の現場で活躍して成長して一人前になってもらえればと思います。ですから最初のスカウトが大事です。採用するときに適性を見極めるのは簡単なことではないと思いますが。

成田　コプロは、コミュニケーション能力を重視し、将来どうなりたいかの意思が明確にある人物を採用するとのことでした。

中野　コプロは新卒採用の際、内定者の保護者に説明会を開いていると聞きました。

成田　名古屋のマリオットアソシアホテルに内定者とその保護者を招待するとのことです。

中野　今の新卒者は親御さんの影響を大きく受けますから、そういう心配りは大切でしょうね。自社、他社含めて新卒採用の現状を見ていると、そう感じます。親のアドバイスで辞退するという学生も増えています。採用した本人にだけでなく、ご家族も含めて丁寧に対応していらっしゃるということは、継続的に働ける方を紹介いただける可能性が高いのかなと感じられます。

●派遣社員が派遣先の若手の教育も

成田　御社の仕事のスタイルを共有できることも大切なのかもしれませんね。

中野　私たちの仕事は品質管理について要求されるものも多いのです。ですから竹中工務店のスタイルや理念を共有し、それに対応していただける技術社員の方が望ましく、そういう方は継続的にお願いしているように思います。当社の社員以上に当社のやり方を理解していただいている方も結果的にいらっしゃいます。

成田　若手を増やし、一人前に育てる上で、ベテランの派遣社員が、ある種、他の派遣会社の若手も巻き込んで指導者的な役割を担っているというところでしょうか。

中野　当社の理念を理解していただき、周りの方や若手に伝え、当社の若手の足りないところをフォローしていただいているベテラン派遣社員がコプロの方でいらっしゃいます。例えば、仕事の進め方や、職人さんとのコミュニケーションにしても、効率的に仕事を進めるためのツボの押さえ方をよくご存じの方ですね。休日には若手を引き連れてマラソンに出るなど、ムードメーカーとなって現場をうまく回していただいていて、とてもありがたいです。

成田　そうしたことの成果が、具体的に工事に表れるのですか。

中野　そうですね、例えば改修工事は本当に大変で、既設の建物を傷めてしまうというリスクがあります。ベテラン、若手、職人の意思疎通の良し悪しが、トラブルを起こすこともあれば回避もできる大きな要因の一つとなるのです。当たり前のことが当たり前に進んでいくには、ツボを押さえたコミュニケーションが非常に重要だと思います。

●若手の戦力化をコプロに期待

成田　五輪需要が過ぎた後は、変化はあるでしょうか？

中野　長く働いていただいている方は戦力として必要としている方ばかりなので、社員、派遣にかかわらず、継続的にお願いしたいところです。

成田　リーマンショックのときは、いかがだったでしょう。

中野　会社として厳しい状況の中で、派遣会社の方だけを優先的に残すことはできないので、工事が終わった後で、全ての方を継続するというわけにはいかなかったと思いますが、必要とされる方は、今も活躍されています。

成田　今後、コプロに期待することは何でしょうか。

中野　どういう方向に向かわれるかですね。業界の流れとしては、若い方が増えているので、優秀な方を送り込んでいただいて、いかに当社の足りない部分を補っていただけるか。若手を戦力化して送り込んでいただくことを期待するところです。5年後、10年後に向けて、若い人材を多く紹介していただくことによって、互いに次のステップに進んでいくと思います。現場の所長の中には、未だに社員しか使いたくない人もいますが、そういう時代ではありません。発想を変えてくださいとこちらから言っています。派遣の方に教育も実施し、活躍していただきたいと考えています。

成田　コプロが新卒の技術社員の採用を始めた当初は、来た学生をそのまま採用して送り出すという手法をとっていたところ、離職率が高くなってしまったとのことです。近年は、厳しい目線で採用していて、2018年4月入社の技術社員は名古屋で約20人、離職は3人に留まったそうです。新卒の中には、学生時代にボランティアをして建設業に興味を持ちながらも自らの専門が文系だったために、建築・土木を学んだ学生を採用するゼネコンではなく、コプロに来たという技術社員もいます。

中野　派遣会社で経験を積んで、資格を取って、それからゼネコンへという道もあるかもしれません。

成田　業界全体で人材を豊かにできればいいですね。

5－3 人財に対する分析力と正直な提案が高い信頼を生む

株式会社大林組　東北支店　建築工事部　技術課長　佐藤靖宏さん

●経験者と未経験者のペアで受け入れる方針を打ち出す

成田　東北支店は、仙台に支店事務所を構え、東北6県の現場を担当しているとお聞きしています。人的な規模はどのくらいになりますか。

佐藤　東北支店の建築施工を担当する職員は大林組社員と派遣の方を合わせて200

人弱で、派遣の方がその内の約3割ほどです。

成田　コプロは何人くらいですか。

佐藤　十数名に上り、東北支店の建築施工の派遣社員の25%を占めています。経験者と未経験者がほぼ半々です。東北支店では2019年4月、派遣会社各社に、経験者を紹介していただければ未経験者を同時に採用しますという方針を打ち出しました。

成田　建設会社としては、本来であれば経験者を優先的に配置したいであろうと思います。経験者と未経験者のペアで受け入れる方針の狙いは何でしょうか。

佐藤　生産力の強化です。現在、工事量が非常に増えているので、必要人数も増え、その確保は大きな課題です。経験者の方たちは高齢化が進んできますので、継承という意味からもペアリングは目的にかなった施策です。

成田　もちろん量とともに質の担保がされなければなりません。

経験者を求める建設会社と未経験者を送りたい派遣会社と、双方の思いを、御社が施策として提示されたということですね。

佐藤　当社としては、各社からバランスよく受け入れる方針です。私たちの求める人材にうまく合わず採用を見送った会社もありました。コプロに、対応できますかと打診したところ、当社の求めるペアリングが紹介されたことから、コプロからの採用人数が増えていきました。

●選択肢が示されることに丁寧さが感じられる

成田　東北支店とコプロとはいつからのお取引ですか。

佐藤　2018年7月からです。比較的新しいお付き合いです。

成田　コプロは東北支店においては、後発の派遣会社ということになるでしょう。実績がまだ多くない中、経験者とのペアとはいえ未経験者を何人も受け入れています。コプロのどういう点が評価されているのでしょう。

佐藤　私たちが派遣会社に求めるのは、言うまでもなく、それぞれの現場のニーズにどれだけ応えていただけるかです。まず現場が求めるものは何かをきちんと理解していただき、派遣する候補となる方の経験・スキル・能力を分析して提示していただだかなければなりません。即ち、営業担当者の人材を見る目、分析評価能力を私たちは重視します。

候補となる方は、様々いらっしゃるでしょうけれど、私たちが求める仕事に完全に合う人はなかなかいません。それは当然です。そこで、例えば、「候補者が2人います。1人は、これまでの経歴で、今回に近い内容の仕事を経験してきています。もう1人は、年齢は若く、経験はそこまでは多くないですが、建築の知識はとても持っています」と、選択肢のある提案をコプロからは受けます。これに対して、「ピッタリの人はいないです」という返答のみの派遣会社もあります。選択肢が示されるのは丁寧だと思います。

成田　御社が求める技術者をコプロ側が的確に把握できているということなのでしょう。ただ、常時適材が用意できるとは限らないと思います。

佐藤　適任の方がいないときは、正直に、今紹介できるのは、こういう人ですと実際のところを教えていただくのがいちばん助かります。コプロの営業担当者は飾り立てたりせずに伝えていただけるので、私たちも受け入れたとしても、その後の対応が適切にできます。

成田　信頼を裏切らないことを最重視しているのでしょう。

佐藤　コプロからの派遣技術者の数も多くなり、コプロの支店長、営業担当者の方とは直接会って会話する機会も増えたので、こちらもしっかりと伝えています。

●経験者や派遣先社員のサポートで成長、活躍する他業種出身者

成田　現場監督に求めるものとは何でしょうか。若手・未経験者について教えてください ますか。

佐藤　まず、仕事内容で大きく新築とアフターメンテナンスに分けると、若手・未経験の方が入るのは主に新築の現場です。アフターメンテナンスは経験がないと難しいのですが、新築で経験を積んでアフターメンテナンスを行なっている未経験者もいます。

求められるものは、知識の有無よりも、自分に与えられた仕事をやり遂げることです。建設業は、紙で勉強することよりも、経験を通して得るもののほうが圧倒的に多

いのです。

成田　未経験者であれば他業種出身の方も多いでしょう。活躍できるのでしょうか。

佐藤　とても活躍している現場監督の一人にコプロからの他業種出身の女性がいます。当社は仙台を中心にマンション建設が続いていて、完成後の検査、改修、1年目検査、2年目検査などの管理、工事業者の手配、マンションの管理組合からの要望の聞き取りなどを受け持っていただいています。最初は先輩についてアシスタントから始めて、1年もしないうちに一人で動けるようになりました。彼女の他にも未経験で入り、今では自分で工事計画や積算を行ない、見積もり業務に携わる女性の派遣社員もいます。

成田　活躍されている方のお話を聞くと勇気づけられますね。

では、経験者に求めるものは何でしょう。

佐藤　経験者は、何の工事に携わってどのような知識、スキルを持っているかを重視するのはもちろんですが、自主的に動く人なのか、知識があっても指示を待つ人なのか、現場監督として人を動かしていく資質を求めます。

●将来にわたる戦力として、派遣社員に教育研修を実施

成田　未経験者は現場に入る前に、ある程度の教育訓練は必要でしょう。コプロも実施しています。

佐藤　ＣＡＤなどは事前習得が可能な分野なので、実施してもらえるのは助かります。当社においても２０１９年から派遣社員向けの研修を始めています。全国の派遣社員、出向社員を対象とし、６００名以上の方に受講していただきました。また、東北支店では意欲的な派遣社員が、技術研究所での社員向けの特別研修に参加している例もあります。

成田　どのような研修ですか。

佐藤　技術研究所は、構造・生産・環境・地盤など各領域の研究をきわめて多岐にわたって行なっています。研修カリキュラムも数多くある中から、コンクリートや材料について知識を取得する内容としました。

さらに東北支店として、東北6県の派遣社員・出向社員全員が一堂に会しての研修を実施しています。丸一日の研修プログラムと懇親会を通して、帰属意識を高め、チームの一員という気持ちをもって仕事に対するモチベーションを上げてもらえたらと願っています。

なお、東京本店では、未経験者をすぐに現場には配属せず、2か月間、本店で預かるという体制も設けています。

成田　派遣社員の育成に非常に力を入れているのですね。驚きました。

佐藤　さらに当社として2020年1月から新しい教育メニューを設けました。職業訓練法人全国建設産業教育訓練協会が運営する、富士山の裾野にある富士教育訓練センターで、当社の新入社員向けの研修と同じ研修を若手の派遣社員にも受講していただきました。

成田　様々な研修が行なわれますね。大林組が他社に先駆けてということでしょうか。

佐藤　他社はどうなのでしょう。よくわかりません。ただ、技術研究所の研修に参加した派遣社員の方が、「他の建設会社では、こういう研修を受けたことがありません」

と話していました。私たちとしては、底上げが必要だという社内の声で自然発生的に立ち上がってきたもので、派遣社員・出向社員に対する教育に力を入れていくことが会社の姿勢となってきています。

成田　費用面でも相当な額に上ることと思います。

佐藤　研修費、交通費など費用は全額会社負担です。実際とてもコストはかかりますが、会社として投資していこうということです。未経験者の採用は、単発、短期で考えてはいません。経験を重ね、知識・スキルを積み上げ、後に入ってくる未経験者の先輩として指導するという私たちの戦力として貢献していただきたいというのが会社の方針です。また、それぞれの派遣社員は、当社での経験や研修を通してキャリアップに繋げていただきたいと考えます。

●働き方改革に本格的に取り組む

成田　働き方改革としても派遣社員の位置づけはますます重要になりますね。建設業は猶予期間を設けられてきましたが、刻々と近づいてきます。

佐藤　働き方改革への取り組みとして派遣社員の未経験者を採用して育てていき、生産力を強化し、現場全体の残業時間を減らしていかなければなりません。

成田　また、今まで工事現場は〝男の職場〟のイメージでしたが、女性も多く入ってくるようになり、変化していますね。

佐藤　職場環境は以前よりかなり変わってきています。男性・女性と区別するわけではありませんが、女性が職場に入ることによって、さらに雰囲気も意識も変わります。現場事務所や休憩室の机を入れ替えたり、壁をきれいにしたり、より快適な環境に生まれ変わっています。仕事の効率も含めて、いい方向に意識改革が進んでいます。

成田　建設業に目が向かなかった人たちに興味を持ってもらうことも大きなテーマですね。建設業の魅力をどのように伝えますか。

佐藤　街の風景を変え、注目される場を築き上げるのが建設業であり、何千人にも上る人たちを、旗を振って動かして造ることも大きな魅力の一つでしょう。個々の仕事がどれもチャレンジであり、苦闘の日々が続くけれど、完成したときに分かち合う喜びは他に代えがたいものがあります。スマートではないと思われがちですが、今やICTを駆使し、最新のテクノロジーを随所に取り込んでいるのが建設業です。こうした魅力がなかなか伝えきれていないかもしれません。

成田　未経験者を取り入れていく大林組の戦略的取り組み、そして佐藤さんの建設業への熱い思いがよくわかりました。派遣会社への期待も大きいということでしょう。

佐藤　各派遣会社から次々と多くの提案がなされます。その中から私たちが求める技術者・未経験者にお会いできるための手掛かりとなる情報を下さるのが担当営業の方です。そこが頼りなので、より正確な情報を求めていますし、そうした情報を提供してくれる担当営業の方は、とても貴重ですし、信頼をしています。

成田　日本の建設業の明日をともに築いていくパートナーがよき派遣会社ということですね。

おわりに
——社員ファースト。そのために私たちができること——

清川甲介（株式会社コプロ・ホールディングス代表取締役社長）

ここまでお読みいただきありがとうございます。

今、〝働き方〟は政府主導のもと、改革が進められ、各企業は混乱を生じさせながらも着実に新たなビジネススタイルを創り出しつつあります。それは何よりも、人びとが〝自分らしい働き方〟を実現したいと願っているからこそではないでしょうか。

私たちコプログループは技術者派遣というビジネスを通じて、その人の求める働き方に寄り添い、企業の求める人的資源の供給元となる、この2つに応えるべく歩み続けてきました。これまでのコプロの足跡については、ここまでのページで書かれているように、成田さんが様々なコプロの顔に出会い、それぞれの立ち位置での想いを引き出してくださいました。

そこで、〝おわりに〟では、私からこれからのコプロについて、お話ししたいと思います。


「人財派遣会社から人財創出プラットフォーム企業に生まれ変わっていく」――これが今、私たちが向かうところです。

私が申し上げる、〝人財創出プラットフォーム企業〟とは一体どのような企業を指すのか、すぐにはご理解いただけないかと思います。

派遣事業とは、求職している方に合った志事を取り揃え、企業のニーズとマッチングし技術社員を派遣していくビジネスでした。その根幹は今も、そしてこれからもきっと変わらないでしょう。今あえて「でした」と表現したのは、これからの時代、そこに留まっているだけではいけないという想いを込めてのものです。

私たちコプロは、テンポラリー（臨時の、間に合わせ）な仕事に終わらせてしまうのではなく、教育研修を通じてスキルを習得し、さらにはレベルアップを図り、キャリアアップをして、より価値の高い〝志事〟としていける、〝人財創出〟をするビジネスに向かっていこうと考えています。その設計図はまだ具体的に明かすことはできませんが、完成に向けた開発にチャレンジしています。

しかし、実現できると信じています。

〝コプロの教育研修は質が高く実践的だ〟という評価が建設業界はもとより世の中に広がっていくと、派遣先企業では社員の皆様に、「コプロの研修を受けさせたい」と思っていただくことが増えていくでしょう。そのような暁には、人を派遣するビジネスモデルにとらわれることなく、教育研修を外販するビジネスモデルも可能になっていくと思います。

「そんなことが可能なのか？」と疑問を抱かれる方も多いでしょう。〝人財創出プラットフォーム〟という言葉を唱えるだけでなく、想いや夢を描き、それをカタチにし、社会に拡げていく。そのために私たちはチャレンジを続けていきます。

コプロの育成はスキルだけではありません。私たちがコアと位置づけている〝人間力〟、コミュニケーション能力をリンクさせた能力の開発も含んでいます。

〝人財派遣会社から人財創出プラットフォーム企業へ〟、を言い換えれば、今までは、〝仕入れて売る〟、いわば〝流通業だったビジネスモデル〟が、〝素晴らしい人財を育てて派遣し活躍する〟という〝流通に「品質」を付加したビジネスモデル〟になるということです。

建設業界の人財流通プロセスに新たな価値を創出することが私たちの役割の一つです。その上で、〝教育過程での人財育成〟から〝人財が社会で活躍していく〟という流れを目指したいのです。

持続的成長に向けた戦略の中でも重要視しているのが、技術社員の定着率の向上です。

この目標に向けた施策として、技術社員の悩みなどをケアする専門部署であるトラスト部をより一層、充実させていきます。トラスト部の担当者が定期的に技術社員と派遣先企業を訪問することによって、技術社員のキャリアアップに関する相談から健康管理、メンタル面のケアまで、厚く対応していきます。

また2020年4月から、技術社員を含む全社員を対象にした福利厚生サービス

〝コプロマイレージ倶楽部〟を開始しました。このサービスによって技術社員は、勤続年数に応じて、また社内行事に参加することでマイルが貯まります。貯まったマイルはＡｍａｚｏｎギフト券に交換することができます。今後はより身近に利用していただけるよう、コンビニ決済ができる電子マネーとの連携や、従業員持株会での当社株式購入等、社員の生活やライフプランに寄り添った機能拡張を検討しています。また、他の福利厚生サービスや社内ＳＮＳ等と連動させることにより、エンゲージメントプラットフォームとして昇華し、技術社員の帰属意識の更なる強化や離職防止に繋げることを目的としています。

そして技術社員と案件のマッチング率向上を推進することを目的にした〝ＡＩによるマッチング〟システムを２０２０年９月に導入することを予定しています。これは人財のデータベースと案件のデータベースをＡＩに参照させ判断させることによって、技術社員と派遣先企業の双方の満足度を最大化するマッチングを導き出すものです。この戦略的システムも積極的に導入していきます。

〝同一労働同一賃金〟が2020年4月に実施となりました。当社では派遣する技術社員の待遇を改善することに対して、派遣先企業には現状の整理と説明をした上で派遣単価の改定をしていただいています。これは技術社員の質が良いからこそ成し遂げられることであり、この単価改定によって、派遣先企業・技術社員・コプロの全員が〝W・i・n‐W・i・n‐W・i・n〟の素晴らしい関係が構築されていきます。つまり、同一労働同一賃金とは、〝安いから派遣を使う〟という従来の考えから、〝価値ある人財だから派遣を依頼する〟というパラダイムシフトであったのです。

このような市場の変革のもと、業界内においても収益構造の変化により再編が進むものと見込まれています。私たちはこれをチャンスと捉え、コプロの品質の確立と〝絶対品質・絶対価格〟の実現に取り組んでいます。

ではここから少し具体的な未来についてお話ししましょう。

当社は2019年に東証マザーズ、名証セントレックスに上場し、それによって調達した資金で、基幹システム構築、全技術社員への携帯端末の貸与、海外展開と積極的な展開を進めることができました。

とはいえ10年後を見据えると、さらに投資が必要であることがわかってきました。バックオフィスのスタッフの人数を増やすことなく、誰もがシンプルに使え、めざす事業規模を達成するために、より充実した基幹システムを構築していこうと考えています。もちろん同時に、スタッフの働き方改革も実現していきます。

拠点の展開については、一つひとつの支店を着実に地域に根づかせようと考え進めてきました。そして実際に軌道に乗っています。その成果をもとに、2020年は4支店を増やし、その4支店の支店長には積極的に若手を起用しました。これは若手に責任ある役割、役職を与えて、勉強を積みなさいというメッセージを込めて、そのポストを用意したのです。

新たなフィールドである海外への展開もあります。その第一歩としてシンガポールに中間持株会社を設立しました。ここでは学生の獲得にアクションを起こしていく事業を設計しています。今は引き続きASEAN地域の市場調査を進めています。その過程で、人材業界だけでなくM&A関連の情報なども様々に得られています。その次のステップはシンガポールの近隣諸国であるベトナム、フィリピン、マレーシア、インドネシア等への展開です。この展開はあまり急ぐことはせず、日本国内の拠点展開と同様にしっかり足元を固めながら進めていく考えです。

近い将来、東証一部への市場変更を射程においています。そのための社内体制の整備を図るべく社外取締役を置き、また内部監査をしっかりと機能させるなどコーポレートガバナンスを強化していきます。業績面についての心配はしていません。

業界全体の未来についてもお話ししましょう。

よく、「オリンピック後の景気はどうでしょう?」と聞かれることがあります。前回の東京オリンピック後は景気が冷え込みました。今回も建設業界は停滞しないのかという懸念を持たれる方もいらっしゃるのでしょう。その問いに対する私の答えは、「何も問題ありません!」というものです。オリンピック後、この先には、2025年大阪万博、2027年リニア新幹線の品川―名古屋間開業、その後の大阪までの延伸、そしてIR(統合型リゾート)とビッグプロジェクトは途切れなく続きます。そればかりか、オリンピック需要によって足踏み状態にあった様々な開発プロジェクトがようやく動き出すということもあります。このように考えていくと、どう悲観的に考えたとしても、建設業界には志事はいくらでもあるのです。

むしろ建設業界にとっての大きな問題は、人財の確保になるでしょう。各業界で進行している〝働き方改革〟ですが、実は建設業界では２０２３年が適用される年です。この改革によって業界は大きく変わらざるを得ませんし、変わらない企業は生き残れないのです。従来の、〝きつい・きたない・こわい〟と言われてきた業界が、ターニングポイントに来ているのです。例えば、ゼネコンでは工事現場で女性が働きやすいように更衣室やトイレなどが整備され始めています。また、高齢層の方も長く、安心して働ける環境づくりも必要になっていくでしょう。

私たち人財を派遣する役割を担う立場も含めて、みんなで力を合わせて環境整備をし、働く方々が働きやすい環境を構築していかなければならないと考えています。

職場環境や待遇面など労働条件の整備はもちろん大切ですが、それだけでは人財は集まりません。建設業界が〝魅力的で、おもしろいと感じることができる志事〟であることが必要です。それには〝達成感のある、やりがいが得られ、みんなに喜ばれる志事〟であることです。人はやりがいがある志事を選ぶはずだからです。

このやりがいのある志事は、実は建設業界にはたくさんあるのです。例えば、あるゼネコンには、海にマンションをつくる構想があり、研究開発に取り組んでいます。私たちが想像もつかないような街づくり、インフラの整備が登場し、人々の夢を叶えていくことでしょう。

こうした夢のあるプロジェクトに、自分も参加したい！　と思ったとき、それはゼネコンの社員でなければ叶えられないかどうか、といえば、決してそうではありません。あなたに働きたいという意志があれば、私たちコプロは、派遣先として、その機会、場を提供することができるケースが非常に多いのです。

さらに言えば、仮に、「行ってはみたけれど自分には合わない」ということになってしまった場合、違う現場に替えることも、また可能です。つまり、働く場所はあなたが選択することができるということです。これまで、あなたの代わりはいくらでもいる、と言われてしまいがちな立場にあった一人の働き手が、今や働く場所を選ぶ側に立っているということです。それをこれまで実現させてきた、そしてこれからも実現させていくのが、私たちコプロの志事です。

当社はより付加価値の高い人財を創出して派遣するという進化を遂げ、〝コプロ品質・コプロ価格〟をつくりだしていこうとしています。

この実現は、技術社員だけでなく派遣先企業にとりましても有益なことです。例えば、AさんとBさんがいます。Aさんは突出した給与保障をされ、Bさんはそこには届かない。「この差は何?」「スキルの差は何?」というのを〝見える化〟していけば、働き手としては、どうしたら給料が上がるのか、どうスキルを高めたらいいのかがわかることになります。つまり、Aさんが持っている資格一つでいくら、経験何年でいくら、という具体的な指標です。こうした点をブラックボックスにせず、開示し、〝見える化〟する。そうすることで、働き手もやる気が湧き、目標も立てられます。

もちろん、派遣先企業にとっても、「この人はこれができる」「コプロでこういう研修を受け、こういうステップでスキルを習得している」という評価が事前に可能になります。そうなれば、コプロ研修の修了証がある人への契約金額は○○万円だ、という指標になります。またコプロの研修は資格取得などのための座学だけではなく、実践的かつ人間力を高める研修とともにありますので、その結果の〝コプロ品質〟も保証されることになるのです。

このように様々な分野で、私たちコプロは進化を続けていきます。

最後にどうしてもお伝えしたいことがあります。

２０２０年、世界中がコロナ禍に見舞われ、今も多くの方が苦しんでいらっしゃいます。日本でもコロナ禍のせいで事業の継続が難しくなっている企業や、雇用が不安定になってしまった方もいらっしゃるでしょう。

しかしながら、当社コプロではコロナ以後も〝社員ファースト〟の基本姿勢はなんら変わることがありません。この基本姿勢が変わってしまうとしたら、それはコプロがコプロでなくなることを意味します。コプロはどこまでも社員を第一に考える企業であり続けます。ですので、当社を志望される方には安心していただきたい。あなたの働く場所は必ず安全です。

私たちは、建設業というステージで、人財の創出に向けて全力で取り組んでいます。それは、私たちの企業理念体系において、〝人が動かす「ヒューマンドライブ」な社会をつくる〟ことを掲げていると同時に、私たちの考えの根本が、何よりも《社員ファースト》であるからです。この考えは今後もずっと変わることがありませんし、私たちの支えになり続けていくでしょう。

構成…………森透
デザイン……米谷テツヤ
DTP………中村文（tt-office）
写真…………古川英治

Kadokawa Haruki Corporation

清川甲介　成田靖也

志事《しごと》の流儀《りゅうぎ》

*

2020年8月8日第一刷発行

発行者 角川春樹
発行所 株式会社 角川春樹事務所
〒102-0074 東京都千代田区九段南2-1-30 イタリア文化会館ビル
電話03-3263-5881(営業) 03-3263-5247(編集)
印刷・製本 中央精版印刷株式会社

ISBN978-4-7584-1357-2 C0095
http://www.kadokawaharuki.co.jp/